plein pot BAC PRO

prospection, négociation, suivi de clientèle

Épreuves E1A1, E2, E3

Monique Duchêne
Danièle Mével-Voquer

FOUCHER

ISBN : 978-2-216-10741-4 (Nelle édition)
ISBN : 978-2-216-10236-5 (1re édition)

RÈGLEMENT D'EXAMEN

Baccalauréat professionnel vente (prospection - négociation - suivi de clientèle)			Candidat de la voie scolaire dans un établissement public ou privé sous contrat, CFA ou section d'apprentissage habilité, formation professionnelle continue dans un établissement public		Candidat de la voie scolaire dans un établissement privé hors contrat, CFA ou section d'apprentissage non habilité, formation professionnelle continue dans un établissement privé, CNED, candidats justifiant de 3 années d'activité professionnelle		Candidat de la formation professionnelle continue dans un établissement public habilité	
Épreuves	**Unités**	**Coef.**	**Forme**	**Durée**	**Forme**	**Durée**	**Forme**	**Durée**
E1 Épreuve scientifique et technique sous-épreuve E11 : Préparation et suivi de l'activité commerciale	U11	**5** 3	écrite	3 h	écrite	3 h	CCF	
sous-épreuve E12 : Économie et droit	U12	1	écrite	1 h 30	écrite	1 h 30	CCF	
sous-épreuve E13 : Mathématiques	U13	1	écrite	1 h	écrite	1 h	CCF	
E2 Négociation – vente	U2	**4**	orale	40 min	orale	40 min	CCF	
E3 Épreuve pratique prenant en compte la formation en milieu professionnel sous-épreuve E31 : Évaluation de la formation en milieu professionnel (pratique de la prospection, de la négociation, du suivi et de la fidélisation de la clientèle)	U31	**5** 2	CCF		orale	30 min	CCF	
sous-épreuve E32 : projet de prospection	U32	3	CCF		orale	30 min	CCF	
E4 Épreuve de langue vivante	U4	**2**	écrite	2 h	écrite	2 h	CCF	
E5 Épreuve de français, histoire géographie sous-épreuve E51 : Français	**5** U51	3	écrite	2 h 30	écrite	2 h 30	CCF	
sous-épreuve E52 : Histoire géographie	U52	2	écrite	2 h	écrite	2 h	CCF	
E6 Épreuve d'éducation artistique arts appliqués	U6	**1**	CCF		écrite	3 h	CCF	
E7 Épreuve d'éducation physique et sportive	U7	**1**	CCF		pratique		CCF	
Épreuve facultative : langue vivante	UF1		orale	20 min	orale	20 min	orale	20 min

CCF : contrôle en cours de formation. La description, la durée et le coefficient des différentes situations d'évaluation figurent dans l'annexe, « Préparation aux épreuves d'examen ».

Sommaire

Le suivi et la fidélisation de la clientèle

Corrigés des tests

Préparation aux épreuves d'examen

1 Les méthodes de vente

Les méthodes de vente sont les techniques par lesquelles les producteurs et les distributeurs commercialisent leurs produits aux clients. Ce dossier évoque l'ensemble des méthodes de vente pour ensuite se concentrer sur celles concernant le bac professionnel vente.

On peut distinguer trois catégories de méthodes de vente :
– la vente de contact ;
– la vente visuelle ;
– la vente à distance.

1 La vente de contact

Il s'agit d'une vente qui s'effectue par l'intermédiaire d'un vendeur. Dans ce type de vente, le rôle du vendeur est primordial.

• La **vente traditionnelle** s'effectue en magasin, hall d'exposition, agence ; le vendeur a un contact direct avec le client, il le conseille et l'oriente dans ses choix (exemples : téléphonie, concession automobile, agence immobilière…).

• La **vente itinérante (ou vente sur stand)** est un type de vente pour lequel le lieu de vente est mobile : vente sur les marchés, en camions (exemple : Barbe bleue pour le prêt à porter), sur les salons (exemples : Natura, salon des produits bio), sur les foires expos, dans des galeries marchandes.

• La **télévente** : l'ensemble des étapes de vente se fait par téléphone. En plus de la qualification de fichier et de la prise de rendez-vous, le téléphone s'utilise aussi pour la vente (auprès des particuliers comme des professionnels), souvent à partir d'un centre d'appels (ou *call center*).

• La **vente par représentant** : le commercial se déplace chez son client (professionnels, détaillants, grossistes…).

• La **vente à domicile (ou vente directe)** : le commercial se rend au domicile du particulier ; la vente se fait soit en réunion (Tupperware, bijoux Pierre Lang), soit en face-à-face (exemple : vente d'encyclopédies), avec rendez-vous (exemple : Avon) ou sans rendez-vous (exemples : Maximo).

Ce type de vente est fortement réglementé (art. 121 et 122 du code de la consommation).

2 La vente visuelle

Il s'agit d'une vente qui s'effectue sans l'intervention du vendeur ou bien avec intervention limitée de celui-ci.

• La **vente en libre-service intégral** : le client choisit librement les produits à l'intérieur du point de vente, sans l'aide du vendeur. Cette méthode est surtout utilisée dans les grandes et moyennes surfaces (exemples : rayons alimentaires des hypermarchés Auchan ou Leclerc ou rayons des magasins de bricolage tels que Monsieur Bricolage.

• La **vente en libre-service assisté** : elle offre au client la possibilité de demander conseil à un vendeur (exemples : grandes surfaces spécialisées telles que Darty ou Boulanger).
• La **vente en libre-choix** : le client choisit ses articles dans le point de vente mais doit faire enregistrer ses achats auprès d'un vendeur.
• La **distribution automatique** : la vente par distributeurs automatiques se diversifie. Les machines à café représentent les deux tiers des ventes ; néanmoins de nombreux autres produits tels que boissons, confiseries, snacks, films… sont vendus par distribution automatique.

3 La vente à distance (VAD)

Elle représentait 14 milliards d'euros en 2005 (+ 18 %). Source : www.fevad.com (Fédération des entreprises de vente à distance).
Il s'agit d'une vente qui s'effectue sans la présence physique simultanée des deux parties, par une ou plusieurs techniques de communication :
• La **vente par correspondance** : commande par courrier, téléphone, minitel, Internet (34 % du CA de la VAD en 2003 ; + 53 % en 2004 ; exemples : la Redoute, les Trois Suisses).
• Le **télé-achat** : achat à distance de produits vendus à la télévision (exemple : M6 Boutique).
• La vente sur **Internet** : achat en ligne sur un site marchand, grâce à un catalogue virtuel. En 2005, le chiffre d'affaires du e-commerce a progressé de 53 % par rapport à 2004.

4 Évolution vers le multicanal

Dans le cadre du développement de leur chiffre d'affaires et des parts de marché, les entreprises adoptent de plus en plus une stratégie « multicanal » ; elles font cohabiter plusieurs réseaux de distribution, comme par exemple NRG spécialiste de produits de bureautique qui crée un réseau de télévendeurs pour les produits à faible valeur ajoutée, alors que les commerciaux terrain vendent les produits à forte valeur ajoutée auprès des grands comptes, en complément du réseau de revendeurs.

5 Méthodes de vente concernées par le Bac vente

Les élèves du Bac Pro Vente seront bien sûr prioritairement concernés par les méthodes de vente de contact (avc une restriction pour la vente traditionnelle : les stages doivent s'effectuer dans la vente de produits complexes (immobilier, automobile…).

en pratique

Une bonne idée pour vos stages...

LE MARCHÉ DE LA DISTRIBUTION AUTOMATIQUE

La caractéristique principale de ce marché a été la rapidité de sa croissance. Jusqu'en 1999, il a connu une croissance à deux chiffres, atteignant voire dépassant 20 % pour les meilleures années. Toutefois, le marché connaît depuis 2002, date du passage à l'euro, une période de régression de son chiffre d'affaires.

En effet, le passage à la monnaie unique ajouté à la réduction du temps de travail a eu un impact fort et peu prévisible sur le comportement des consommateurs, et des répercussions lourdes pour les sociétés de gestion.

La distribution automatique a subi depuis deux ans de nombreux coups durs, dont les décrets sur le traitement de la monnaie métallique, devenu payant, et plus récemment l'acharnement politique contre la présence d'automates dans les écoles et les collèges.

Il semblerait néanmoins que le marché reprenne le chemin de la croissance depuis 2006, mais de toute façon il reste en deça de ses performances d'avant 2002, puisque l'on se situerait aux alentours de 2 %. La distribution automatique reste cependant un marché très attractif, du fait de la mutation des modes d'alimentation qui vont vers davantage de nomadisme, le « snacking ».

Source : www.la-da.com

La vente directe en quelques mots

La vente directe est la troisième voie de la distribution à côté de la vente en magasin et de la vente par correspondance (VPC). Elle est très présente dans notre économie, mais sa définition justifie des précisions : pour qu'il y ait vente directe, il faut mettre en présence un vendeur et un acheteur en dehors d'un lieu destiné à la commercialisation. C'est la démarche personnalisée, la possibilité de démonstration en situation réelle et le service offert par un vendeur compétent qui font le succès de ce mode de distribution.

Il ne faut pas confondre la vente directe avec la VPC, le TV achats, le marketing direct et tout autre système de vente à distance, ni avec les ventes directes sur les lieux de production. En 2005, la centaine d'entreprises membres de la FVD (fédération de la vente directe) représente un CA de 1,287 milliard d'euros, et emploie environ 175 000 vendeurs : 8 264 VRP, 159 911 VDI, 6 825 autres statuts.

Répartition du CA de la vente directe

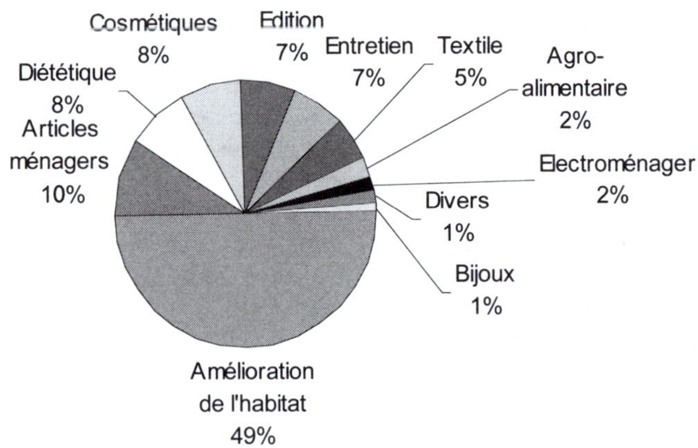

La vente directe en plein essor recrute 10 000 nouveaux commerciaux à temps partiel ou à temps plein.

En s'engageant à recruter 10 000 personnes, la profession de la Vente Directe prouve sa légitimité et sa vitalité dans un contexte économique où la souplesse et le travail à temps partiel ou choisi semblent une des réponses adaptées au chômage.

Parmi les 175 000 vendeurs des entreprises adhérentes à la FVD, 10 % exercent leur profession à temps plein avec éventuellement des fonctions d'encadrement, 90 % effectuant cette activité à temps partiel et 78 % sont des femmes.

2 La fonction commerciale de l'entreprise

Elle regroupe les notions de canal et de circuit de distribution. Elle nécessite le choix d'un type de force de vente et d'une structure.

1 Le canal et le circuit de distribution

C'est la voie d'acheminement choisie par une entreprise pour commercialiser son produit : canal direct, court ou long (*cf.* fiche 18). Le **circuit de distribution** est l'ensemble des canaux choisis pour la commercialisation. En général, un même produit est distribué par différents canaux.

2 Le réseau de vente

C'est l'ensemble des intervenants qui permettent la distribution et la commercialisation des produits de l'entreprise auprès de tous les clients.

3 La force de vente

C'est l'ensemble des acteurs impliqués dans le processus de vente de l'entreprise. Elle peut être caractérisée de différentes façons :
- **interne :** les vendeurs sont salariés et donc attachés à l'entreprise par un lien de subordination juridique, et soumis à un contrôle de la hiérarchie ;
- **externe (ou déléguée) :** les vendeurs exercent leur activité de manière partiellement ou totalement autonome ;
- **supplétive :** l'entreprise a recours à une force de vente complémentaire pour lancer un nouveau produit sur le marché ou venir en appui sur une opération ponctuelle ou pour une période saisonnière ;
- **sédentaire :** les commerciaux reçoivent leurs clients dans le point de vente ;
- **itinérante :** les commerciaux se déplacent chez leurs clients.

4 La structure commerciale

Il existe plusieurs types de structure qui peuvent être mixés :
- structure géographique : chaque commercial se voit affecter une zone géographique sur laquelle il est alors responsable de la vente de tous les produits de l'entreprise à tous les types de clients ;
- structure par type de clients : chaque commercial se voit attribuer un type de client ; exemples : collectivités, entreprises, particuliers, grands comptes (clients qui ont un potentiel très important pour l'entreprise).
- structure par type de produit : applicable dans une société ayant des catégories de produits très différentes. Chaque commercial se voit attribuer une famille de produits.

en pratique

LE CIRCUIT DE DISTRIBUTION CANON

Selon la nature du produit recherché et selon que vous soyez professionnel ou particulier, plusieurs possibilités s'offrent à vous :

Pour l'achat de produits à usage personnel (appareils photo, caméscopes, imprimantes...)
Essentiellement destinés au grand public, ces produits distribués par Canon Communication & Image France sont disponibles dans plus de 12 000 points de vente :
- distributeurs photo vidéo spécialisés (Camara, Phox, Shop-photo, Foci...) ;
- grande distribution (Carrefour, FNAC, Darty...) ;
- vente par correspondance (La Redoute, Camif...).

Pour l'achat de produits à usage professionnel (systèmes d'impression noir et blanc et couleur, imprimantes grands formats...)
Essentiellement destinés aux entreprises, ces produits distribués par Canon France sont commercialisés par 3 réseaux distincts :
- le réseau Canon business centers et fac similé : filiales à 100 % de Canon ;
- le réseau Canon Partner Channel : distributeurs Canon non exclusifs – vente indirecte ;
- le réseau Canon grands comptes nationaux et internationaux : vente directe aux grandes entreprises et administrations.

Source : www.canon.fr

Exemple d'organigramme

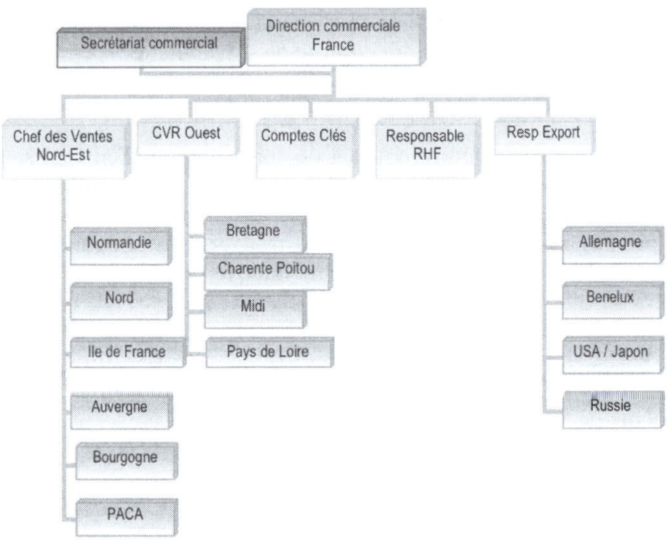

3 L'équipe commerciale

L'équipe commerciale comprend la force de vente interne ou externe, les vendeurs sédentaires, les employés chargés de l'administration commerciale, les téléprospecteurs ou télévendeurs.

1 Les appellations

- Les emplois de soutien de l'activité commerciale : prospecteur, téléprospecteur, promoteur des ventes, marchandiseur, animateur des ventes, animateur de réseau…
- Les emplois liés à la relation client : commercial, vendeur, représentant, technico-commercial, attaché commercial, délégué commercial, télévendeur, chargé d'affaires, ingénieur d'affaires, ingénieur commercial, négociateur, conseiller clientèle, responsable grands comptes, VRP, agent commercial…
- Les emplois liés au management de la force de vente : chef des ventes, responsable des ventes, responsable commercial, responsable de secteur…

2 Les missions

- La mission principale du commercial est d'assurer la vente des produits ou services de l'entreprise. Il doit assurer la prospection, la négociation, faire des démonstrations, des animations dans le réseau de revendeurs, promouvoir l'image de son entreprise.
- En amont de la vente, le commercial doit s'informer de l'évolution de son marché (veille concurrentielle), connaître les attentes de ses clients potentiels, se former, préparer son activité…
- Enfin, il doit assurer la fidélisation de sa clientèle, les tâches administratives consécutives aux visites et rendre compte de son activité.

3 La taille optimale de l'équipe commerciale

- Pour connaître son nombre optimal de commerciaux, l'entreprise doit tenir compte des potentiels de vente réalisables sur sa zone géographique, du temps de visite nécessaire pour chaque client, de la fréquence de visite (nombre de visites par an), du temps de route. Il faut trouver le juste équilibre entre avoir trop de vendeurs (risque pour la rentabilité de l'entreprise) et trop peu de vendeurs (risque de voir les concurrents prendre des parts de marché).
- La taille de la force de vente est le résultat du rapport entre le nombre global de visites nécessaires pour l'ensemble des clients et prospects pour une période donnée et le nombre de visites que peut réaliser un seul vendeur sur cette même période.

en pratique

Un exemple de calcul de la taille optimale d'une force de vente.

La société Doriane commercialise des fournitures de bureau auprès de collectivités, entreprises, commerçants des Pays de Loire. Elle a classé ses clients en trois catégories ; d'autre part, elle dénombre environ 1 000 prospects sur la région qu'il serait souhaitable de visiter une fois dans l'année.

1. Calculez le temps de visite nécessaire pour toute l'entreprise pendant un an

Type de clients	Fréquence de visite	Durée de la visite	Nombre de clients	Temps nécessaire/an
Gros clients	24	1 h	150	150 × 24 × 1 = 3 600 h
Moyens clients	12	45 min	350	350 × 12 × 0,75 = 3 150 h
Petits clients	6	30 min	500	500 × 6 × 0,5 = 1 500 h
			TOTAL	8 250 h de visite clients
Prospects	1	30 min	1 000	1 000 × 1 × 0,5 = 500 h
			TOTAL	500 h de visites prospects
			TOTAL GÉNÉRAL	**8 750 h de visites nécessaires**

L'entreprise a donc besoin de réaliser 8750 heures de visite sur l'année pour visiter l'ensemble de ses clients et prospects.

2. Calculez le temps de visite possible pour un commercial

Un commercial travaille 8 h par jour durant cinq jours et dispose de 5 semaines de congés payés. Il y a en moyenne 10 jours fériés par an. Il consacre chaque semaine le lundi à une réunion, de la prospection téléphonique et du travail administratif. Il est présent sur un salon une semaine par an. Il part en moyenne une semaine en formation. Il parcourt environ 40 000 km/an à une moyenne de 80 km/h.

Calcul : une année = 52 semaines. Il va travailler 45 semaines :
52 – 5 – 1 (salon) – 1 (formation).
Il va travailler 170 jours : 45 semaines × 4 jours (5 jours – le lundi) = 180 jours.
On enlève les 10 jours fériés.
Il va travailler 1 360 h : 170 jours × 8 h/jour = 1 360 h.
On enlève le temps de route soit 500 h : 1 360 – 500 = 860 h disponibles pour la vente.
Taille optimale = nombre de visites nécessaires par an pour toute l'entreprise/nombre de visites possibles pour un commercial par an.
Taille de la force de vente = 8 750 h nécessaires/860 h disponibles = 10.
10 commerciaux sont nécessaires pour visiter correctement les clients et prospects de l'entreprise Doriane.

4 Le recrutement des commerciaux

Une entreprise est amenée à recruter des commerciaux pour se développer, pour remplacer les départs, pour trouver des compétences nouvelles. Un recrutement doit suivre plusieurs étapes obligatoires.

1 Définition du poste et du profil de poste

La définition du poste à pourvoir précise la mission confiée, les tâches à effectuer, les responsabilités, le produit, le secteur et le type de clientèle attribués, le statut, l'expérience professionnelle souhaitée, le niveau de formation, les compétences attendues…

La définition du profil recherché et la rédaction de l'annonce : il s'agit de définir l'ensemble des caractéristiques et des qualités que le candidat devra présenter pour exercer son activité dans les meilleures conditions possibles. Il faudra définir des critères objectifs (expérience, formation, âge, rémunération, mobilité…) et subjectifs (motivation, personnalité, comportement, adaptabilité…).

2 Les moyens de recrutement

Le recrutement peut se faire par le biais de la direction des ressources humaines (DRH) de l'entreprise, de la direction commerciale ou par le biais d'un cabinet spécialisé. Il existe de nombreuses sources de candidatures : le recrutement en interne (mutations, promotions), la cooptation (les commerciaux en poste présentent des candidats), internet, les SMS, les petites annonces presse, les candidatures spontanées, les salons de recrutement, les relations avec les écoles ou organismes de formation, les stagiaires, les agences ANPE ou APEC (agence pour l'emploi des cadres), les « chasseurs de tête » (pour les postes spécialisés ou de haut niveau) ou encore l'affichage, le numéro vert, la radio et la télévision.

3 La sélection du candidat

Elle passe par plusieurs phases :

– le recrutement, c'est-à-dire le tri des candidatures, les entretiens, les tests d'aptitude, les tests d'intelligence, les tests de personnalité, les tests de simulation ou jeux de rôles, la graphologie ;

– l'intégration du nouveau commercial : l'accueil du nouveau commercial doit être irréprochable. L'entreprise doit donner une bonne image d'elle-même, fournir accompagnement et formation au nouvel embauché.

Une annonce pour un poste de conseiller commercial : vente d'espaces publicitaires pour ParuVendu.

Des sites de recherches d'emploi de plus en plus nombreux...

www.commerciaux.fr
www.ouestfrance-emploi.com
www.apec.fr
www.regionsjob.com
www.cadremploi.fr
www.jobpilot.fr
www.keljob.com
www.cadresonline.com
www.recrut.com
www.anpe.fr

Chez Danone, 80 % des candidatures sont des candidatures électroniques, c'est-à-dire des candidatures en ligne sur le site.

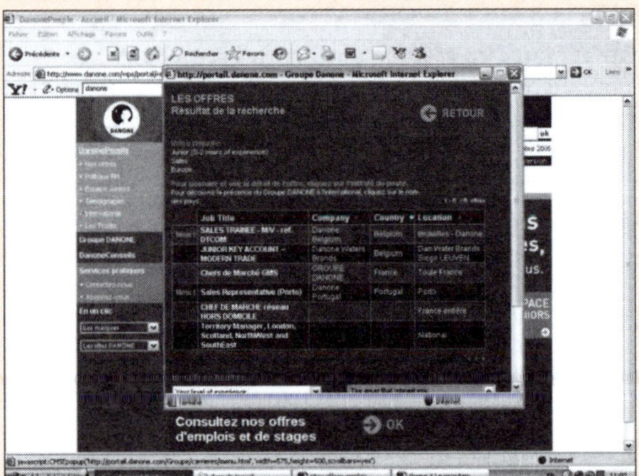

Source : www.danone.com/wps/portal/redirect/homePeople

5 La formation des commerciaux

Lors de son recrutement, au début de son activité, le commercial va avoir besoin d'une formation. Mais tout au long de sa carrière, il doit aussi avoir recours à des formations.

1 Le contenu de la formation

• Formation sur l'entreprise et son environnement : l'historique de l'entreprise, sa culture, son organisation, ses produits, ses clients, ses concurrents, l'évolution du marché, etc.

• Formations liées à l'organisation du vendeur et à ses techniques :

– avant la vente : connaissance du produit, de l'argumentaire, techniques d'organisation de l'activité, techniques de prospection ;

– pendant la vente : maîtrise des techniques de vente ; techniques de communication ; techniques financières ;

– après la vente : méthodes de suivi et analyse des ventes, techniques de suivi et fidélisation des clients, connaissances des garanties, du fonctionnement du SAV (service après-vente), de la facturation, du recouvrement de créances…

• Autres formations possibles :

– développement personnel : gestion du stress, connaissance de soi, travail en équipe…

– management : animation du réseau de revendeurs, gestion d'une équipe…

– langues : maîtrise des techniques de vente dans une langue étrangère, connaissance du pays partenaire…

– informatique : maîtrise de nouvelles technologies.

2 Les modalités de la formation

• La formation peut être assurée par l'entreprise elle-même (service formation ou encadrement commercial) ou par un organisme de formation.

• Le commercial peut suivre une formation en e-learning : le commercial suit une formation en ligne, il est donc intégré à une classe virtuelle.

• La formation peut être inter ou intra-entreprises : une formation inter-entreprises rassemble des commerciaux de plusieurs entreprises sur un sujet commun, tandis que la formation intra-entreprise ne s'adresse qu'aux vendeurs d'une seule entreprise.

• La formation peut être individualisée : on parle alors de « coaching ». Il consiste en des entretiens individuels entre le formé et son tuteur, un travail sur des situations difficiles, un accompagnement sur le terrain.

3 Les supports de la formation

Ils sont multiples : vidéos, cédérom, logiciels, livres, jeux de rôles, vidéoconférences, forums de discussion…

Que coûte une formation ?

Toute formation a un coût.

- Coûts directs : le montant facturé par l'organisme de formation, frais d'organisation, de déplacement, dépenses pour le matériel, salaires des vendeurs payés pendant le temps de formation…
- Coûts indirects : manque à gagner en chiffre d'affaires sur le temps de formation.

Ces coûts sont à rapprocher des retombées de l'opération de formation (éléments quantitatifs : augmentation du chiffre d'affaires, de la marge, de l'activité… ; éléments qualitatifs : satisfaction de la clientèle, image de l'entreprise, cohésion de l'équipe…).

Exemples

1. La formation en entreprise

La formation des commerciaux grands comptes de Wincor Nixdorf s'est déroulée en trois ans, le temps d'appliquer sur plusieurs mois l'apprentissage réalisé en groupe. Le principe ? Trois modules de quatre journées, dispensés un par un chaque année entre 2001 et 2003, sous la houlette d'un formateur de Mercuri et dans des locaux extérieurs à l'entreprise. Wincor Nixdorf a consacré un budget de 20 000 euros par an à cette formation, qui se poursuit aujourd'hui par un suivi régulier de la part d'un consultant Mercuri.

Source : www.e-dirco.com

2. La formation interentreprises pour l'optimisation de l'activité commerciale

Organisme de formation CSP, type de formation : interentreprises

Lieu Paris

Modalités d'accès Présentiel (en salle) ; durée totale : 3 jours

Objectifs

Organiser efficacement son activité en y intégrant la prospection.

- déterminer la meilleure méthode ;
- adapter son approche en fonction des cibles ;
- transformer son appréhension en moteur d'action.

Public concerné

Commerciaux, technico-commerciaux, commerciaux grands comptes, chargés de clientèle.

Programme : prospecter

Préparer En fonction du marché, des objectifs de l'entreprise, du client cible, du produit.

Contacter

Adapter son approche, son discours, son comportement en fonction du mode de prospection : téléphone, courrier, télécopie, mailing, internet, visite.

Analyser les contacts.

Persévérer dans les relances et relations commerciales.

Se motiver Trouver les ressources en soi.

Vos résultats À l'issue de la formation, les participants seront à même de concevoir un plan de prospection, préparer concrètement leurs entretiens, obtenir des rendez-vous, planifier le suivi.

Méthodologie :

- suivi téléphonique personnalisé 6 mois après le stage ;
- résultat garanti ;
- déjeuners pris en commun avec le formateur et inclus dans le prix.

Source : www.apec.fr (site de l'agence pour l'emploi des cadres) – rubrique Formation

6 L'organisation des secteurs

Un secteur est la zone géographique attribuée à un commercial. Selon la taille de l'entreprise et de son portefeuille clients, l'ensemble des secteurs de vente peut représenter un département, une région, un pays...

1 Le plan de tournée

Le plan de tournée permet de limiter ses frais de déplacement, d'éviter de perdre du temps, de garantir la régularité des visites, de suivre les déplacements du commercial et de mieux gérer les coûts de visite.
Différents éléments sont à prendre en compte pour bâtir un plan de tournée :
– la localisation des clients, les routes à emprunter et le temps de route nécessaire entre chaque visite, la durée de visite (variable selon le type de client), les heures de visite possibles chez les clients (ex. : de 9 h à 12 h et de 14 h à 18 h), la fréquence de visite (hebdomadaire, bimensuelle, mensuelle...) ;
– Il faut suivre plusieurs étapes : repérage géographique des clients et prospects, repérage des contraintes à respecter, repérage du temps de visite par client, repérage des plages possibles pour les visites, choix du circuit le plus adapté pour bâtir le plan de tournée.

2 Les types de circuits

• La tournée en **spirale ou escargot** : conseillée pour les petits territoires et une disponibilité rapide recherchée. Cette méthode, très pratique, n'est pas la plus économe en kilomètres.
• Les tournées en **marguerite** : le secteur est divisé en nombreux sous-secteurs, avec pour centre le domicile ou le bureau du vendeur. Le commercial visite chaque jour un sous-secteur.
• Le **trèfle** : le secteur est découpé en quatre sous-secteurs, représentant chacun une tournée d'une semaine (fréquence de visite = une fois par mois) ou d'un jour (fréquence de visite = une fois par semaine ; 4 jours de visite, par exemple du mardi au vendredi).
• La **ligne droite et zones** : utilisable dans le cas de concentration de clients sur diverses villes du secteur du commercial.
• La tournée en **zigzag** : utilisable dans le cas de clients situés de part et d'autre d'un axe central ; le commercial fait le trajet aller avant les heures de visite et revient en visitant les clients.
• La courbe « **enveloppe** » permet de minimiser les déplacements par rapport au zigzag.

en pratique

Dans la réalité, les différentes méthodes peuvent être combinées (exemple : tournée en spirale, ou boucle, au sein d'un pétale du trèfle).

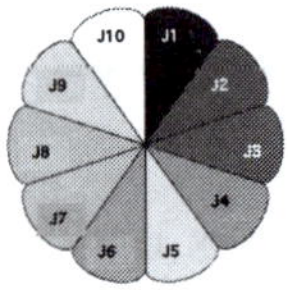

Tournée en marguerite

Tournée en spirale

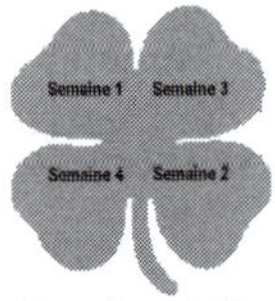

Tournée en trèfle

Tournée en ligne droite et zones

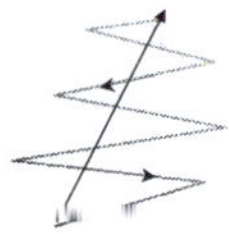
Tournée en zigzag

Situation	Type de circuit
Le secteur de M. Duval est composé de 4 départements. Son domicile se situe à peu près au centre de son secteur. La répartition de ses clients est homogène. Il doit voir ses clients une fois par mois.	*Le trèfle : 4 pétales, avec pour centre le domicile du commercial. Un pétale = le quart de sa clientèle, à voir en une semaine ; ainsi, au bout des 4 semaines il aura vu l'ensemble de ses clients.*
M. Gicquel visite les stations service de l'autoroute Paris/Nantes ainsi que celles des villes suivantes : Chartres, Le Mans, Angers et Nantes.	*La ligne droite et zones : ligne droite = l'autoroute et 4 zones constituées par les villes.*
M. Delmon visite une clientèle de petits commerçants répartis de part et d'autre de la voie rapide Rennes/Brest.	*Le zigzag : il va visiter les communes le long de l'axe principal, au sein d'une courbe enveloppe (sans trop s'éloigner de l'axe).*
M. Garel est chargé par la société Chupa Chups d'approvisionner les boutiques des stations service : son secteur est constitué par les autoroutes Paris/Caen, Paris/Lille, Paris/Metz et Paris/Rennes ainsi que des villes importantes situées sur ces axes.	*Le trèfle, chaque pétale étant constitué par une autoroute, et au sein de chaque pétale, le commercial appliquera le circuit ligne droite et zones.*
M. Le Goff visite les boulangeries du Nord-Finistère. Il doit les voir deux fois par mois. Il est en clientèle 5 jours par semaine.	*La marguerite, avec 10 pétales, chaque pétale représentant un jour d'activité, et un dixième de la clientèle ; en deux semaines (2 × 5 jours), il aura vu tous ses clients.*

7 La fixation des objectifs et l'évaluation du commercial

Tout commercial a des objectifs à atteindre, qui guident son action. Ces objectifs doivent être mûrement réfléchis, et fixés par la direction à partir des objectifs généraux de l'entreprise.

1 La fixation des objectifs

La direction générale fixe des objectifs généraux qui sont traduits par la direction commerciale en objectifs commerciaux pour devenir des objectifs collectifs pour la force de vente. Ces objectifs sont ensuite répartis entre les vendeurs pour devenir des objectifs individuels ou quotas. Un **objectif** doit être clair et précis, cohérent, accessible, raisonnable et stimulant à la fois et tenir compte de la diversité des secteurs.

2 Les différents types d'objectifs

- Les objectifs *collectifs* : ils sont fixés à l'ensemble de l'équipe et permettent une cohésion du groupe.
- Les objectifs *individuels* ou *quotas* ; ils sont fixés à chaque commercial, en fonction de son ancienneté, son secteur…
- Les objectifs *qualitatifs* : ils concernent la qualité du travail fourni par le commercial, sont donc difficilement chiffrables, mais contribuent à améliorer sur le long terme l'image de l'entreprise.
- Les objectifs *quantitatifs* : ils sont chiffrés et peuvent s'exprimer en valeur ou en volume. Ils concernent les résultats, l'activité ou les frais.

Les objectifs peuvent s'exprimer en **chiffre d'affaires** (objectif = 100 000 € ; ou + 5 %) ; en **marge** (atteindre une marge de 30 000 €, ou 30 %) ; en **quantités** (volume de ventes à réaliser : *x* produits, *y* kg…) ; en **points** : chaque objectif est traduit en points (un nouveau client = 5 points, un véhicule vendu = 10 points, une tranche de CA de 10 000 € = 15 points avec par exemple 200 points d'objectif mensuel) ; en nombre de **visites**, en nombre de prospects, en nombre d'affaires chaudes, coût d'une visite…

3 L'évaluation du commercial

Les objectifs permettent à la direction commerciale de contrôler les résultats des commerciaux et d'évaluer leurs performances. Le **tableau de bord** récapitule les quotas du vendeur et analyse ses résultats au travers du calcul de **ratios**. Il permet de discerner les lacunes du commercial et d'y remédier en lui proposant des formations adaptées.

La fixation des objectifs contribue largement à la motivation du commercial puisqu'ils sont très liés à la rémunération.

en pratique

Que coûte une visite en clientèle ?

Les paramètres à prendre en compte sont nombreux : le salaire du commercial, les charges patronales, les remboursements de frais de vie, le prorata des charges de personnel administratif, commercial et de direction.
Le coût de visite correspond au total de ces charges divisé par le nombre de visites effectuées.

Application : l'entreprise Ducarton veut calculer le coût d'une visite en clientèle. Chaque commercial a un fixe de 1 070 € sur 13 mois ; l'objectif individuel de CA est de 760 000 € sur lesquels le commercial touchera 4 % ; il peut toucher une prime trimestrielle de 460 € s'il atteint son objectif ; il touche 0,30 € par kilomètre et réalise environ 40 000 km par an ; il a un forfait de 10 € par repas de midi ; il travaille 180 jours par an et prend systématiquement son repas de midi à l'extérieur. Il a un forfait nuit de 45 € (la nuit d'hôtel et le repas du soir) ; il passe en moyenne 140 nuits à l'hôtel ; les charges patronales s'élèvent à 50 % du salaire (fixe + commissions + primes) ; il voit environ 6 clients par jour.

Calculez le coût que représente une visite en clientèle pour l'entreprise.

Salaire = (1 070 × 13) + (760 000 × 4 %) + (460 × 4) = 46 150 €
Salaire + charges sociales = 46 150 × 1,5 = 69 225 €
Frais de vie = (40 000 × 0,30) + (180 × 10) + (140 × 45) = 20 100 €
Total des charges = 69 225+ 20 100 = **89 325 €**
Total des visites = 180 × 6 = **1 080 visites**
Coût d'une visite = 89 325/1 080 = **82,71 €**

Quels ratios peut-on calculer ?

Ratios de contrôle des résultats	**Calcul**
Montant moyen d'une commande	CA/Nb de commandes (en €)
Chiffre d'affaires par visite	CA/Nb de visites (en €)
Marge par commande	Marge totale/Nb de commandes (en €)
Taux de concrétisation (ou de transformation)	Nb de commandes/Nb de visites (en %)
Rendement de la prospection	Nb de nouveaux clients/Nb de visites de prospection (en %)
Ratios d'activité	
Visites par jour	Nb de visites/Nb de jours de travail
Rendement téléphonique	Nb d'appels/Nb d'heures
Ratios de frais	
Distance moyenne	Nb de km/Nb de visites (en km)
Coût d'une visite	Total des coûts/Nb de visites effectuées (en €)
Frais du représentant	Total des coûts/chiffre d'affaires (en %)

8 La rémunération

Le système de rémunération permet à l'entreprise de motiver les commerciaux à atteindre leurs objectifs. Il doit donc être en adéquation avec les objectifs que l'entreprise a fixés et satisfaire la force de vente.

1 Les principales composantes d'un système de rémunération

Trois **composantes** : le **fixe** et le variable constitué de **commission(s)** et/ou de **prime(s)**.

– Le **fixe** : c'est un salaire de base, indépendant des résultats. Il ne peut être inférieur au SMIC. Il peut convenir aux commerciaux n'ayant pas pour mission principale la vente ou aux vendeurs pour qui le temps de négociation est très long. Ce système rassure le commercial et facilite la gestion de l'entreprise mais ne valorise pas les bons vendeurs.

– La **commission** : c'est une somme calculée en fonction de l'atteinte des objectifs fixés aux commerciaux. C'est un pourcentage **(taux de commission)** des résultats (exemple : taux de commission = 5 % du CA). Si le commercial est payé en fonction de la marge, cela l'incite à ne pas accorder trop de remises. Les taux de commission peuvent être fixes (quel que soit le CA) ou différenciés (variables en fonction des produits, des types de clients). Ils peuvent être progressifs (ils augmentent en fonction des tranches de CA atteintes) ou dégressifs (les taux diminuent pour les tranches supérieures de CA).

– La **prime** : il s'agit d'une somme versée en fonction de l'atteinte d'un objectif (objectifs de CA, de marge, de quantités). Elle peut être fixe (exemple : objectif de 50 000 € atteint = 150 € de prime) ou variable (exemple : de 100 à 110 % de l'objectif : prime = 150 €). Elle peut être individuelle ou collective, permanente ou temporaire.

2 Les autres éléments de rémunération

Les avantages en nature : voiture de société en usage privé, frais de logement, revues, outils informatiques (ordinateur, connexion internet, PDA, téléphone…), avantages sociaux (retraite complémentaire, frais d'études des enfants, de garde d'enfants…).

La participation des salariés : on distingue l'intéressement (facultatif), la participation et l'épargne salariale volontaire (plans d'épargne et plans d'actionnariat). La participation est obligatoire pour les entreprises comptant plus de 50 salariés.

3 Les remboursements de frais

Les remboursements des frais professionnels ne font pas partie de la rémunération du commercial. Ils sont le reversement de sommes engagées par le commercial dans le cadre de son activité (frais de route, de repas, d'hébergement, de parking, d'autoroute).

en pratique

La **société Durand** pratique un système mixte de fixe + commission (en fonction de la remise accordée au client) + prime variable en fonction de l'atteinte de l'objectif.

Fixe : 1 250 €.
Commission : pourcentage variable en fonction du taux de remise accordé au client.
Prime (base 300 €) : est fixée en fonction du pourcentage de réalisation de l'objectif.

Commission		Prime		
Taux de remise	Taux de commission	Taux de réalisation de l'objectif	% de prime	Montant de la prime Base = 300 €
0 à 5 %	5 % du CA	Moins de 70 %	0 %	0
6 à 10 %	3 % du CA	De 71 à 90 %	50 %	150 €
11 à 15 %	2 % du CA	De 91 à 100 %	100 %	300 €
16 à 20 %	1 % du CA	De 101 à 120 %	110 %	330 €
+ de 20 %	0 % du CA (sauf si accord préalable de la direction)	+ de 120 %	130 %	390 €

Calculez la rémunération d'un commercial qui a réalisé un CA de 45 000 € (décomposés comme suit : 10 000 à 25 % de remise, 20 000 à 15 % de remise, 10 000 à 10 % de remise et 5 000 à 5 % de remise). L'objectif de départ était de 40 000 €.

	Calculs	Totaux
Commission	5 000 × 5 % + 10 000 × 3% + 20 000 × 2% + 10 000 × 0% = 250 + 300 + 400 + 0 = 950 €	950 €
Prime	% d'atteinte de l'objectif = 45 000/40 000 × 100 = 112,5 % donc 110 % de la prime est accordé, soit 330 €	330 €
Fixe		1 250 €
Total du salaire	1 250 + 950 + 330 = 2 530 €	2 530 €

9 La motivation et la stimulation

Motivation et stimulation sont deux concepts différents bien que très liés. La motivation doit être de nature stratégique : il faut motiver le commercial sur le long terme, faire en sorte qu'il se sente bien dans l'entreprise et ne songe pas à partir. La stimulation est de nature plus tactique, il s'agit d'opérations à caractère ponctuel, visant à développer de façon temporaire les efforts des commerciaux autour d'un objectif spécifique.

1 La motivation

On pourrait rapprocher les motivations des vendeurs de ceux de la pyramide de Maslow : des besoins de sécurité (rémunération, sécurité de l'emploi, soutien financier de l'entreprise), des besoins d'appartenance et d'estime (faire partie d'une équipe, considération dans l'entreprise, reconnaissance sociale du métier, soutien moral du dirigeant) et même d'accomplissement (réussite dans le métier, indépendance…).
Les freins sont la solitude, le stress lié au CA, l'insécurité des revenus, la fatigue et aussi l'image souvent négative liée au métier de vendeur.

Les outils de la motivation :
– la politique de **rémunération** est un outil important pour la motivation ;
– le plan de **carrière** permet au commercial de mieux s'impliquer ;
– le **management** doit être là pour épauler le commercial, le diriger, le responsabiliser ;
– les **réunions**, qu'elles soient quotidiennes, hebdomadaires ou mensuelles, sont là pour maintenir la motivation du commercial. Elles peuvent aussi se faire au travers de **conventions ou séminaires** ;
– les **entretiens d'évaluation** doivent aussi contribuer à permettre au commercial de faire le point sur son activité et de se remotiver si besoin est ;
– la **formation** est cruciale pour maintenir la motivation des commerciaux.

2 La stimulation

La stimulation revêt donc un caractère plus exceptionnel. Il s'agit alors de dynamiser la force de vente, pour qu'elle atteigne un objectif précis, par la promesse de récompenses. On parle aussi d'***incentive***.
Il existe plusieurs techniques de stimulation : les **concours** ou **challenges**, les **jeux**. Les **récompenses** peuvent être de plusieurs types : argent, cadeaux, voyages, honneurs, strokes et promotion individuelle.

MOTIVATION

Une forte demande de reconnaissance

Les manageurs pensent que ce qui motive leurs équipes, c'est l'ambiance de travail, les relations avec les clients, l'autonomie dans le travail, les produits ou les services commercialisés, l'image et la notoriété de l'entreprise. Alors que les commerciaux souhaitent surtout être reconnus et valorisés ! Ils privilégient en effet comme critères de motivation, les perspectives d'évolution dans l'entreprise, la reconnaissance des efforts, les relations avec le management et le développement de leurs compétences.

L'entreprise Würth France récompense ses meilleurs commerciaux

La vie des « Meilleurs »

Les 1 600 commerciaux de Würth France sont tenus informés, par le biais d'un document écrit, de l'existence et des principes de fonctionnement des trois clubs : As, Élite et Tops. Le journal interne et les chefs de région se font, eux aussi, l'écho de la vie des clubs.

Les « Meilleurs » sont conviés à des manifestations telles que journées kart, essais sur circuit Ferrari ou visite du siège allemand du groupe et participent même parfois à des réunions d'encadrement.

STIMULATION

Le challenge, un moteur efficace

Parmi les stimuli, on peut nommer les challenges. Ils représentent un élément fondamental pour doper les ventes. « Elles augmentent de 20 % à 30 % en moyenne lors de chaque opération, précise Christophe Nepveux, directeur général adjoint de The phone house, distributeur de services télécom. Certains collaborateurs de nos quatre centres de relations client et de télévente vont jusqu'à doubler leur résultat ! »

Les commerciaux sont habitués à recevoir des cadeaux. Un week-end à Londres ou à Rome manquera de piquant par rapport à une rencontre du rallye Paris-Dakar en plein désert mauritanien. Autre difficulté évoquée en privé par les professionnels : 20 % des commerciaux refusent catégoriquement de participer à toute opération de stimulation. À côté de ces irréductibles, ceux prêts à jouer le jeu représentent 60 % et les « accros », seulement 20 %...

Source : www.lentreprise.com

TEST n°1

La force de vente

Pour répondre à ce test, cochez ☺ (vrai) ou ☹ (faux)

	Vrai ☺	Faux ☹
1. Les méthodes de vente		
a) La vente directe correspond à la vente traditionnelle.	☐	☐
b) La vente par réunion fait partie de la vente de contact.	☐	☐
c) La télévente ne s'adresse qu'aux particuliers.	☐	☐
d) La vente visuelle inclut la vente par distributeurs automatiques.	☐	☐
e) Le multicanal rassemble plusieurs méthodes de vente.	☐	☐
2. La fonction commerciale dans l'entreprise		
a) Le canal court inclut un seul intermédiaire : le grossiste.	☐	☐
b) L'ensemble des commerciaux constitue la force de vente.	☐	☐
c) La force de vente supplétive est une force de vente interne.	☐	☐
d) Une structure par type de clients sous-entend un découpage géographique.	☐	☐
e) Vendre des produits bureautiques aux revendeurs correspond à de la vente sédentaire.	☐	☐
3. L'équipe commerciale		
a) Les employés chargés de l'administration commerciale ne font pas partie de l'équipe commerciale.	☐	☐
b) Un téléprospecteur a une mission de vente itinérante.	☐	☐
c) L'agent commercial a un statut de salarié.	☐	☐
d) La gestion de la relation client est du ressort du chef des ventes.	☐	☐
e) La taille optimale de la force de vente correspond au nombre minimal de vendeurs que doit avoir une entreprise.	☐	☐
f) La taille optimale de la force de vente tient compte de la surface de la zone géographique à couvrir par l'entreprise.	☐	☐
4. Le recrutement des commerciaux		
a) Une entreprise recrute des commerciaux uniquement pour développer un nouveau secteur.	☐	☐
b) Le turn-over correspond aux mouvements de personnel au sein d'une entreprise.	☐	☐
c) Le test de stimulation est un test de personnalité.	☐	☐
d) La cooptation consiste à recruter des commerciaux chez nos concurrents.	☐	☐
e) Les candidatures en ligne prennent le pas sur les candidatures classiques par courrier.	☐	☐
5. La formation		
a) Les formations aux techniques de vente n'ont lieu qu'au début de l'activité du commercial.	☐	☐
b) Une formation intra-entreprises peut rassembler des commerciaux de différentes entreprises.	☐	☐

	Vrai ☺	Faux ☹
6. L'organisation des secteurs		
a) Le plan de tournée n'est pas adapté dans le cas de la prospection.	☐	☐
b) Le plan de tournée permet à l'entreprise de vérifier l'emploi du temps de ses commerciaux.	☐	☐
c) La tournée en spirale est économe en kilomètres.	☐	☐
7. La fixation des objectifs		
a) Les objectifs d'un commercial sont nécessairement chiffrés.	☐	☐
b) Le quota correspond à un objectif individuel.	☐	☐
c) Les objectifs peuvent être exprimés en marge.	☐	☐
d) Un ratio est toujours une valeur exprimée en pourcentage.	☐	☐
e) Le tableau de bord compare les résultats des vendeurs entre eux.	☐	☐
f) L'analyse du tableau de bord permet de mettre en place des formations.	☐	☐
g) Le calcul du coût de visite inclut les charges patronales.	☐	☐
8. La rémunération		
a) La rémunération est un élément de stimulation du commercial.	☐	☐
b) Un commercial est toujours payé avec un fixe + une commission.	☐	☐
c) La commission est toujours calculée sur le chiffre d'affaires.	☐	☐
d) La prime peut être fixe ou variable.	☐	☐
e) Les remboursements de frais font partie de la rémunération du commercial.	☐	☐
9. La motivation et la stimulation		
a) La motivation et la stimulation sont deux notions identiques.	☐	☐
b) Les incentives donnent nécessairement lieu à des récompenses sous forme d'argent.	☐	☐
c) Les concours peuvent être reproduits à l'identique chaque année.	☐	☐
d) Les strokes sont des cadeaux offerts aux meilleurs vendeurs.	☐	☐

10 La démarche mercatique

La connaissance des besoins du consommateur est vitale pour le commercial ; la démarche mercatique part de ce principe : placer le client au cœur des préoccupations de l'entreprise.

1 Définition

La **mercatique** (marketing) peut être définie comme l'ensemble des actions ayant pour but de prévoir, constater, stimuler, éventuellement susciter et renouveler les besoins des consommateurs, et adapter en conséquence et de façon continue la production et la commercialisation. En d'autres termes, il s'agit de connaître au mieux les attentes du consommateur afin de proposer le produit le mieux adapté, mais aussi trouver les moyens de répondre à un certain nombre de questions :

– Quels sont nos objectifs en termes de parts de marché ?
– Quels sont les segments de marché à conquérir ? Quelles sont nos cibles potentielles ?
– Quelle est la concurrence à contrer ?
– Quel positionnement adopter ? (image que l'on souhaite avoir dans l'esprit du client)
– Quelles politiques produit, prix, distribution, communication faut-il mettre en œuvre ?

2 Qu'est-ce que la démarche mercatique ?

C'est une démarche de la part de l'entreprise qui l'amène à :

– étudier son marché (lieu d'expression des besoins) par le biais des études de marché (*cf.* fiches 11 et 12) ;
– analyser les résultats de ces études pour réfléchir sur l'offre et bâtir un plan de marchéage : politique produit (le produit lui-même et ses caractéristiques techniques, la gamme, les services associés, offerts ou vendus, son emballage, son nom, son label), politique prix (fixation du prix de vente, remise, ristourne, escomptes…, délai de paiement, modalités de paiement, aide au financement…), politique place (politique de commercialisation c'est-à-dire choix du circuit de distribution, actions de marchandisage, de trade-marketing : partenariat avec les distributeurs) et politique promotion (politique de communication, promotion, fidélisation, choix des moyens de communication tels que les grands médias : télévision, presse, radio, affichage, cinéma ou le hors média ; conception du plan média) ;
– contrôler les résultats, suivre les ventes, procéder à des modifications du plan de marchéage pour s'assurer de la satisfaction des besoins du consommateur.

" 4P "
- produit
- prix
- place (distri)
- promotion (communica°)

3 Le marché

C'est le lieu de rencontre entre l'**offre** et la **demande**, c'est-à-dire l'ensemble des offreurs et des demandeurs pour un produit ou service, sur un territoire géographique délimité, sur une période donnée (exemple : le marché de l'automobile, en France, en 2005).
Pour analyser son marché, l'entreprise se renseigne sur différents éléments concernant l'offre et la demande, énumérés ci-après.

1. L'offre

• Les **produits** : les caractéristiques, les segments de produits sur le marché, le volume des ventes par segment (%), leur évolution.
• Les **producteurs** : leur nombre, leurs noms (pour les premiers), leur classement, leur part de marché, leur évolution, leur positionnement, leur notoriété, leur communication, leurs gammes de produits et de prix... Le type de marché (monopole, oligopole, concurrence). Les notions de leader, challenger, suiveur.
• Les **distributeurs** : les différents circuits, leur %, leur évolution. Les formes de commerce, les pratiques commerciales (marges, délais de paiement, trade marketing, EDI...). L'image des distributeurs auprès du consommateur... La présence de MDD (marque de distributeur), les promotions et animations...

2. La demande

• Aspect quantitatif :
– les quantités globales consommées (en volume et en valeur) ;
– les quantités par personne ;
– le taux de pénétration ;
– l'évolution sur plusieurs années, l'évolution récente ;
– la structure de la consommation (part des différents segments de marché) ;

• Aspect qualitatif :
– profil-type du client : qui achète ? profil à partir des critères socio-démographiques (âge, sexe, PCS...) ;
– distinction consommateurs – acheteurs – prescripteurs ;
– besoins, motivations, freins ;
– comportements d'achat : lieu et type d'achat ;
– comportements de consommation.

Ou bien, on peut recueillir des informations par la méthode QQOQCCP (*cf.* fiche 13).

3. L'environnement

L'entreprise est influencée par différents éléments plus ou moins proches qu'on appelle l'environnement.

Micro-environnement	**Définition : ensemble des partenaires proches de l'entreprise. En quoi chacun de ces éléments peut-il influer sur l'entreprise ?**
Les salariés	Politique salariale, méthodes de production, niveau de qualité…
Les syndicats	Négociations salariales, conflits, droit du travail.
Les clients	Niveau de chiffre d'affaires, pertes ou bénéfices ; non-paiements.
Les fournisseurs	(de matières premières, de biens, de services) dépendance par rapport aux prix, délais, qualité.
Les concurrents	Copie, contrefaçon, prix, qualité, innovation ; stimulation (bataille pour les parts de marché).
Le circuit de distribution	Rôle de mise à disposition du produit, image de marque, risque de déréférencement.
Les sous-traitants	Respect du cahier des charges ; dépendance prix, qualité, délais.
Les banques – Les assurances	Obtention de financements, paiement d'intérêts.
Les pouvoirs publics	Politique sociale et fiscale, droit du travail ; réglementations.
Les associations de consommateurs	Obligation d'information, contrôle, actions en justice, boycott ou promotion.
Les actionnaires	Soutien financier, apport de capitaux, pressions.
Les médias	Communication (en bien ou en mal).
Les organisations professionnelles	Études par la chambre de commerce et d'industrie (CCI), soutien (syndicats professionnels) ; information.

Macro-environnement	Définition : ensemble des éléments ayant une influence possible sur l'entreprise.
Démographique	Évolution de la population, pyramide des âges, modification de la cellule familiale.
Économique	Inflation, taux de change, taxation, évolution des revenus des ménages, crise ou croissance…
Naturel (ou écologique)	Pollution, énergies renouvelables, épidémies, météo (pour les stations de ski, tourisme), biodiversité.
Technologique	Évolution des techniques, innovation, nouveaux produits, nouveaux matériaux, nouvelles méthodes de fabrication.
Institutionnel (ou juridique, ou réglementaire)	Lois, règlements, normalisation.
Socioculturel	Évolution des mentalités, des valeurs, des attentes du consommateur, recherche du bien-être ; société multiraciale et multiculturelle.

Conclusion

Les perspectives du marché : évolution prévisible sur l'ensemble du marché, segment(s) le(s) plus porteur(s). Opportunités pour l'entreprise (points forts, points faibles de l'entreprise sur le marché).

Le rôle du commercial dans la démarche mercatique

Le marketing étant à l'heure actuelle centré sur le client, le commercial lui aussi fait partie intégrante de la démarche mercatique ; il doit être l'interface entre le client et la direction mercatique/les ventes de l'entreprise. Il doit faciliter la circulation de l'information et son utilisation dans l'entreprise : remontées d'informations vers la direction mercatique puis transmission d'informations vers le client.

Les nouvelles technologies (ordinateurs portables équipés de logiciels de gestion commerciale) permettent une collecte d'informations plus simple, plus rapide et plus fiable. Les informations peuvent être rassemblées, synthétisées et analysées presque en temps réel. Ce travail du commercial permet de mettre en place un système de **gestion de la relation client** (GRC ou CRM en anglais : *Customer Relationship Management* ; *cf.* fiche 48).

11 Les études documentaires

Pour prendre des décisions, l'entreprise a besoin d'informations sur son marché, sur son environnement. Si elle veut réaliser une étude de marché, elle va commencer par se documenter en recherchant des informations qui ont déjà été récoltées dans d'autres buts ou à d'autres occasions. On appelle cela une étude documentaire ou *étude secondaire*. Il s'agit donc d'informations déjà disponibles et souvent partiellement traitées.

1 LES OBJECTIFS POSSIBLES POUR UNE RECHERCHE DOCUMENTAIRE

On en distingue trois :
– l'étude d'un marché, d'un produit : recherche d'informations sur l'évolution des ventes sur le marché, les nouvelles tendances pour les produits ;
– l'étude de la clientèle potentielle : recherche dinformations sur les nouvelles attentes des consommateurs, recherche d'une clientèle potentielle, estimation des besoins, nouveaux comportements ;
– l'étude de la concurrence : repérage des concurrents, place de l'entreprise sur le marché, évolution de la concurrence…

2 LES SOURCES D'INFORMATION

Les sources disponibles doivent être qualifiées selon leur nature, leur fiabilité, leur récence, leur disponibilité rapide, leur coût. On distingue deux types de sources.

1. Les sources internes

Il s'agit des informations immédiatement disponibles au sein de l'entreprise. Dans certaines entreprises, l'ensemble des informations disponibles a été rassemblé au sein du SIM (système d'informations marketing) ; il est alors facile d'avoir accès à des informations déjà analysées, hiérarchisées. Sinon, les informations à rassembler peuvent provenir :
– de la documentation archivée : études précédentes, journaux et revues achetés par l'entreprise ; informations collectées sur les concurrents et fournisseurs lors des salons professionnels (documentations, tarifs, publicités…) ;
– des rapports des représentants : informations sur les décideurs, les intentions d'achat, les besoins, les produits des concurrents, l'évolution des ventes, les réactions sur les produits ;
– de la comptabilité : bons de commande, factures, détails sur les commandes produit par produit donnent des renseignements sur l'évolution des ventes, de la rentabilité et de la trésorerie ;
– des enquêtes de satisfaction ou traitement des réclamations : renseignements sur les attentes des clients et leurs motifs de mécontentement.

2. Les sources externes

Elles sont très nombreuses. Elles peuvent provenir de la presse généraliste et professionnelle, des organismes publics ou privés spécialisés dans les études statistiques. Parmi les différentes sources on peut citer :

– la presse généraliste (*Le Monde, Le Figaro, l'Expansion*...), la presse à caractère économique ou commercial (*Capital, Alternatives économiques, Management, Marketing Mix, LSA, Points de vente*...), la presse régionale ;

– les organismes publics : l'INSEE (Institut national de la statistique et des études économiques), le CREDOC (Centre de recherche et de documentation pour l'étude et l'observation des conditions de vie : il analyse et anticipe le comportement des individus) ;

– les organismes parapublics : Chambres régionales de commerce et d'industrie (CRCI), CCI, Chambres des métiers ;

– d'autres organismes tels que le CESP (Centre d'étude des supports publicitaires), l'INPI (Institut national de la propriété industrielle), l'INED (Institut national des études démographiques) ;

– les syndicats professionnels ;

– les associations de consommateurs : INC (Institut national de la consommation, revue *60 millions de consommateurs*), UFC (Union fédérale des consommateurs, revue *Que choisir*) ;

– les banques de données privées : le BIPE (analyse de l'environnement économique, des prévisions sectorielles, de la prospective et des études de marché ; exemples : attentes et comportements de la génération des 11-20 ans), des panels comme Nielsen, Secodip ou Sofres ;

– les annuaires : pages jaunes, Kompass, pages pro, annuaires des CCI, *France prospects* ;

– internet : source d'informations très dense, gratuite, mais dans laquelle il faut faire un tri et surtout s'assurer de la fiabilité et de la récence des sources.

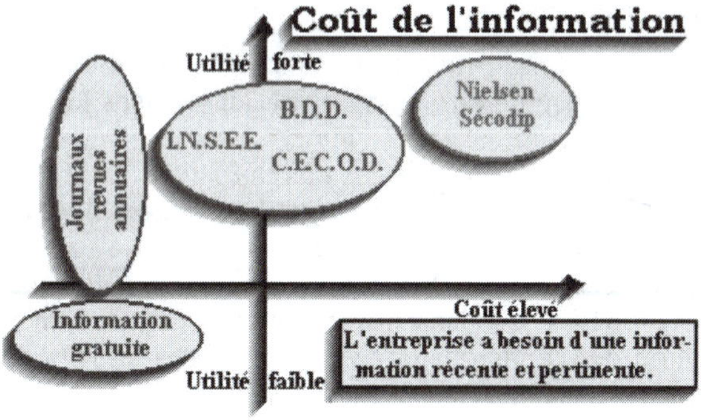

CRÉDOC

Consommation

L'étude prospective des marchés de grande consommation

Le département Consommation intervient dans l'ensemble des secteurs de biens et services de la consommation des ménages, notamment dans ceux de l'alimentation et de la restauration.

Aux entreprises, il apporte des réponses sur l'image des produits et les comportements des consommateurs. Il réalise des typologies de consommateurs adaptées à chaque marché étudié. Il apporte son assistance aux services marketing et aux services recherche et développement des entreprises. Il intervient sur l'ensemble des éléments de leur stratégie. Les enquêtes, quantitatives et qualitatives, peuvent faire l'objet de comparaisons internationales.

Aux administrations, il répond, avec le même souci d'aide à la décision, aux interrogations sur la consommation des biens et services, notamment dans le domaine de l'évaluation des risques. Il restitue les comportements de consommation dans un cadre plus vaste lié à l'ensemble des modes de vie et des représentations mentales des consommateurs.

Source : www.credoc.asso.fr

Emapmedia : un site web très riche, proposant de nombreuses études de marché

Marchés

Beauté Santé	Produits Food	Services
Textile Accessoires	Automobile	Distribution
Loisirs	**Équipement Loisirs :** **Sport, informatique-bureautique, photo, console de jeu, TV-vidéo, petit électroménager, gros électroménager, le numérique des « 50 ans ».**	

Le marché du sport : le marché, les tendances du marché, de nouvelles cibles… les investissements publicitaires.

Extrait :

On assiste depuis une vingtaine d'années à une ***massification de la pratique sportive.***

84 % des Français de 15 ans et plus déclarent avoir pratiqué au moins une activité physique ou sportive en 2002 (Observatoire du sport/Ipsos) ; ils n'étaient que 75 % en 1985 selon une enquête du ministère de la jeunesse et des sports/Insep.

Les sports les plus pratiqués *sont par ordre décroissant : le vélo (54 %), la natation (46 %), les jeux de boules ou le bowling (34 %), la randonnée pédestre-trekking (30 %), le ski alpin (23 %).*

Plus de 10 millions de Français adhèrent à des clubs sportifs et la moitié d'entre eux participe à des compétitions.

Cette évolution a été facilitée par l'accroissement spectaculaire du temps libre, celui du pouvoir d'achat, ainsi que la création d'équipements publics ou privés…

Source : www.mondadoripub.fr

Alisse, au pays des statistiques

Le site de l'Insee ouvre un nouveau service payant qui permet de trouver des informations économiques : données européennes, indicateurs de gestion, dépenses de recherche-développement, données locales…

Une nouvelle ressource de l'Insee est disponible sur le Net : le site Alisse pour « accès en ligne aux statistiques structurelles d'entreprises », qui est en fait le site de commerce électronique de l'Insee. On y trouve une base de données très complète sur les entreprises, alimentée par 16 sources de statistiques ministérielles (commerce extérieur, recherche et développement, créations et défaillances d'entreprise, comptes de résultats et bilans, emploi, données locales, Eurostat…). Au total, ce sont plus de 2 millions de données issues d'une base mise à jour cinq fois par an avec pour certaines un délai : ainsi les déclarations mensuelles de main-d'œuvre (DMMO) sont publiées avec un décalage de n-1, alors que les enquêtes sur la recherche-développement font la synthèse des résultats de l'année n-2.

Hélène Desmas, lentreprise.com, mis en ligne le 26/03/2002.

12 Les études sur le terrain

Les études documentaires ne permettent pas toujours de trouver les informations recherchées (études qui datent, réponses partielles ou pas vraiment adaptées au problème de l'entreprise). L'entreprise doit alors mener des études spécifiques sur le terrain, appelées aussi *études primaires* ou encore études *ad hoc*.

1 Les études qualitatives

L'étude qualitative ou enquête de motivation permet de répondre aux questions *pourquoi ?* et *comment ?* Elles explorent les mécanismes psychologiques du consommateur pour expliquer son comportement et ses attitudes. Le traitement des informations requiert l'intervention de psychologues et sociologues.

L'entretien est la forme la plus courante de l'investigation qualitative (entretien individuel ou par petits groupes, libre ou semi-directif).

2 Les études quantitatives

Elles permettent de répondre à la question *combien ?* Les techniques utilisées sont nombreuses ; on peut distinguer plusieurs types d'enquête :

– **enquête exhaustive** : le recensement, qui permet d'interroger toute la population de base ;

– **enquête par sondage** : enquête par questionnaire réalisée auprès d'un échantillon restreint, représentatif de la population de base. Le questionnaire peut être administré à domicile, sur le lieu de vente, dans la rue, par courrier, par téléphone ou par internet. Les questionnaires sont ensuite dépouillés et traités informatiquement (grâce à Sphinx ou Ethnos par exemple). Les résultats sont synthétisés, analysés et extrapolés à la population de base ;

– **enquêtes permanentes appelées panels** : ils servent à recueillir une information régulièrement actualisée sur un sujet donné. Les panels de consommateurs, Nielsen (http://www.acnielsen.com), Secodip (www.secodip.fr), Sofres (www.tns-sofres.com) permettent de mesurer les comportements d'achat des consommateurs individuels. Les panels de distributeurs (Nielsen, Secodip) sont constitués d'échantillons de points de vente et mesurent l'offre des différents produits (linéaires, quantités, taux de référencement) et leur écoulement (ventes, taux de rotation) ;

– **les observations** : l'étude d'observation *in situ* (ou test en milieu naturel) consiste à étudier directement le comportement des individus sur le lieu de vente (caméra cachée, glace sans tain…) ou en milieu « artificiel » c'est-à-dire en laboratoire ;

– **les tests en laboratoire** : ils permettent de tester une ou plusieurs variables du mix ; en situation réelle sur le marché, ils permettent de mesurer les réactions du consommateur face à un nouveau produit, les quantités vendues, etc.

en pratique

Exemple de page d'un rapport édité grâce au logiciel Ethnos

Possibilité de présenter les différents tris sous forme de tableaux, graphiques, avec commentaires.

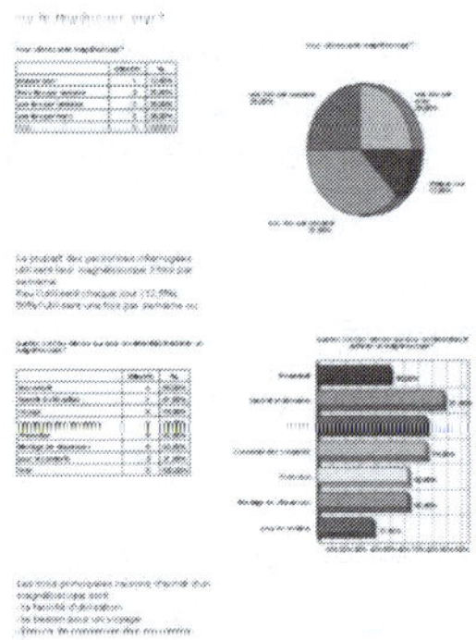

Les services de Secodip sur www.secodip.fr

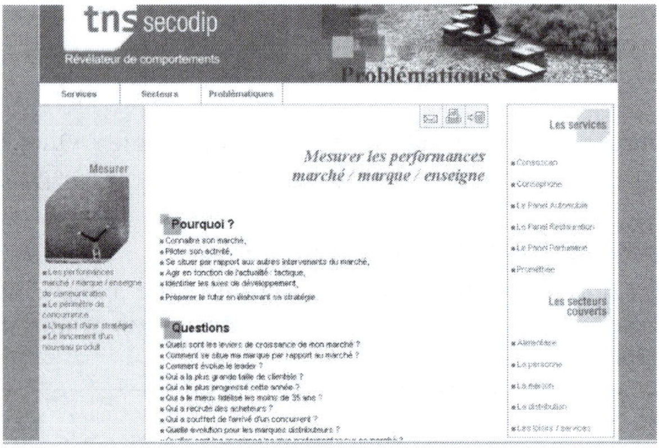

Présentation de Nielsen

Nos domaines d'intervention	Nos bureaux : Cergy-Pontoise	Nos clients	
Mesure des ventes Panels de consommateurs Études *Ad hoc* Aide à la décision Modèles et analyses Merchandising Mesure d'audience Études multi-pays	**Où intervenons-nous ?** France Europe	Industriels grande conso • produits alimentaires • biens durables • hygiène beauté/santé • boissons • entretien Laboratoires pharmaceutiques Distributeurs	Agences de publicité Centrales d'achat d'espace Média Informatique Télécommunications Banques/Assurances Industries du loisir

source : www.acnielsen.com/fr

13 La clientèle

Pour être efficace et établir une relation personnalisée, le commercial doit bien connaître ses clients. Il importe de recueillir toutes les informations nécessaires : informations d'identification ; informations de qualification, informations sur l'historique des achats ainsi que l'historique des contacts ; informations de comportement.

1 Les différents types d'informations

- Informations **d'identification** : nom, prénom, téléphone, fax, adresse, e-mail, profession, et, pour les entreprises, raison sociale, activité, n° Siret, forme juridique, capital, effectif, année de création.
- Informations de **qualification**, qui vont permettre d'étoffer le fichier et ainsi développer une relation plus personnalisée avec le client (coordonnées des interlocuteurs, fonction, équipements actuels, dates de renouvellement, ou, pour des prospects, origine du contact).
- Informations sur **l'historique des achats** : tous les achats effectués (date, type de produits, quantités, mode de règlement) ainsi que **l'historique des contacts** (publipostages, téléphone, fax, mails, visites, invitations à des salons…).
- Informations de **comportement** : Qui consomme ? Quoi ? Où ? Quand ? Combien ? Comment ? Pourquoi ? (QQOQCCP) (voir page 41)

2 Les différents types de clients

- B to B : Business to Business (vente d'entreprise à entreprise) = TPE (très petite entreprise), TPI pour l'industrie, PME (petite et moyenne entreprise), revendeurs.
- B to C : Business to Customer (vente au particulier).
- Critères de segmentation (*cf.* fiche 22).
- Les différents intervenants :

Prescripteur : qui conseille l'acheteur sur un fournisseur (exemple : l'architecte)	**Leader :** influence par sa notoriété, sa réputation = oriente le choix	
Conseiller : on lui fait confiance = guide dans l'achat	**Acheteur**	
Décideur	**Payeur**	**Utilisateur**

3 Le comportement d'achat

Les types d'achats	Les étapes du processus d'achat
1 - achat réfléchi : produit impliquant, anomal, de valeur. 2 - achat d'impulsion 3 - achat répétitif (ou routinier) produit courant, renouvellement.	1. prise de conscience du besoin non satisfait 2. recherche d'information 3. évaluation des solutions 4. décision 5. évaluation post achat

4 Les besoins, motivations et freins

1. Les besoins

Le besoin est un sentiment de manque qui crée une volonté d'action. Abraham Maslow (1916 – 1972) a établi une hiérarchie des besoins sous forme de pyramide : chaque besoin supérieur ne devient conscient que si les besoins inférieurs sont satisfaits.

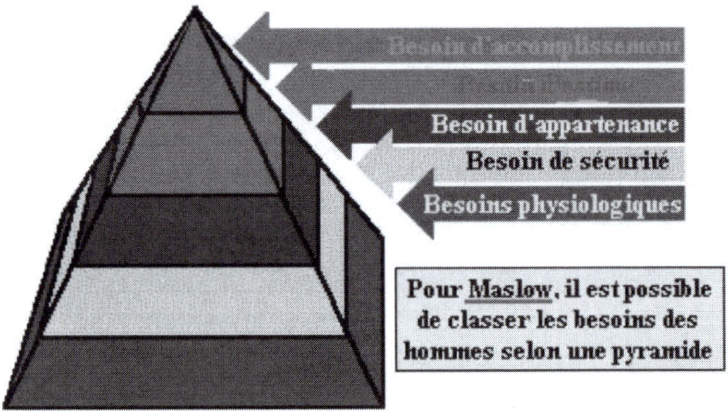

Source : www.ac-clermont.fr.

2. Les motivations

La motivation est une force qui pousse à l'achat. On distingue plusieurs types :

– la motivation rationnelle : le produit est considéré comme utile, conforme à ses intérêts (nourriture, carburant, machines, fournitures…) ;

– la motivation psychologique (Joannis) : la méthode la plus utilisée en vente est une méthode mnémotechnique appelée SONCAS signifiant la sécurité, l'orgueil, la nouveauté, le confort, l'argent, la sympathie ;

– la motivation éthique : sentiment de devoir (protection de l'environnement, réussite des enfants, santé de la famille, tradition familiale).

3. Les freins

Le frein est une force négative, qui retient le client lors de son achat. Parmi les freins à l'achat, on distingue :

– les peurs liées aux craintes quant à l'utilisation du produit ou du service, qui sont rationnelles ou irrationnelles ;

– les inhibitions, inquiétudes de l'achat jugé honteux (produits de premier prix, sentiment de culpabilité) ;

– les risques liés à une part d'incertitude : financiers, corporels…

5 Les variables d'influence

• En relation avec l'individu : influence des attitudes (croyances objectives ou non, éléments affectifs), de la personnalité (positif, agressif, distant…), de l'image de soi (le produit est vu comme un moyen d'exprimer sa personnalité, comme une image qu'on veut donner, importance de la représentation du produit), des styles de vie (même comportement, travail, loisirs, habitudes d'achat).

• En relation avec l'environnement : influence du groupe (croyances, valeurs, normes communes), de la famille (identification composition famille + comportement d'achat), des leaders d'opinion (compétence ou notoriété), des classes sociales, des valeurs culturelles.

Les socio-styles selon le CCA (Centre de communication avancée) : portrait des Français en 2000

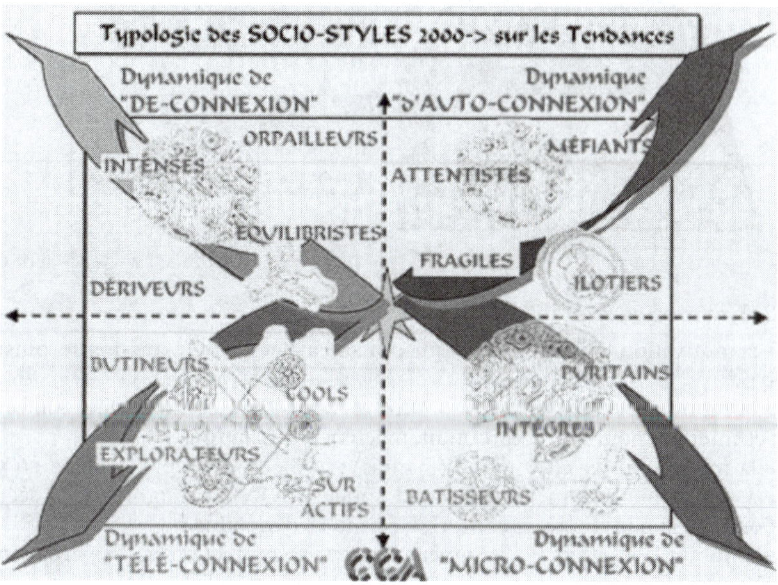

La méthode QQOQCCP

QQOQCCP ?	Quantitatif	Qualitatif
Qui	Répartition géographique Nombre Évolution	Identification Profil type (âge, sexe, PCS)
Quoi	Part des différents segments de marché	Définition du besoin et du produit
Où	Part des différents lieux d'achat	Canaux de distribution et de consommation (lieux d'achat)
Quand	Saisonnalité	Moment d'achat Moment de consommation
Combien	Quantité consommée Fréquence d'achat Budget d'achat	
Comment		Comportement d'achat Manière de consommer
Pourquoi		Motivations et freins

14 Le produit : bien et service

Bien ou service, le produit constitue l'un des quatre éléments du plan de marchéage avec le prix, la communication et la distribution.

1 Les caractéristiques des produits

L'offre de l'entreprise se compose de biens (matériels) et/ou de services (immatériels).

Ils possèdent des caractéristiques :

– techniques : taille, poids, performance…
– commerciales : marque, qualité, prix, réseau de distribution…
– psychologiques : image de marque, rapport qualité/prix…

2 La gamme

C'est un ensemble de produits répondant à un même besoin générique : laver du linge, accéder à internet…

Elle peut être composée de lignes dont les produits ont une caractéristique commune : la marque d'une lessive, le haut ou le bas débit…

Une gamme peut être étroite ou large (peu ou beaucoup de lignes), peu ou très profonde (peu ou beaucoup de produits dans la ligne). Sa longueur est son nombre total de produits.

3 Le cycle de vie

Comme pour les hommes, les produits ont un cycle de vie de leur naissance à leur disparition. Ce cycle est décomposé en plusieurs étapes ou phases.

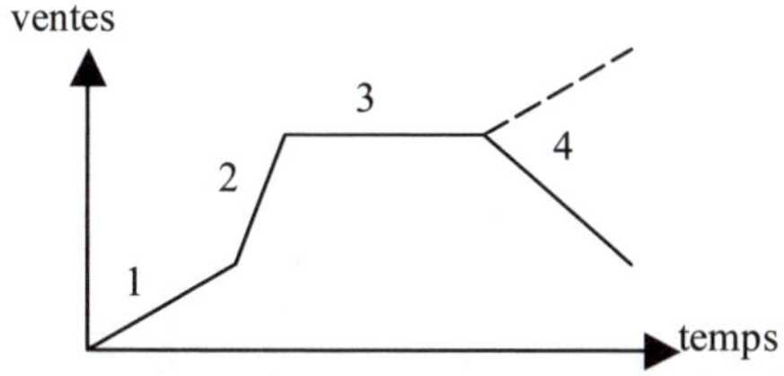

1 : lancement
2 : croissance
3 : maturité
4 : déclin (———) ou
relancement (– – – –)

La durée et le nombre de phases diffèrent d'un produit à l'autre : produits saisonniers, produits de mode, produits à maturité longue, etc.

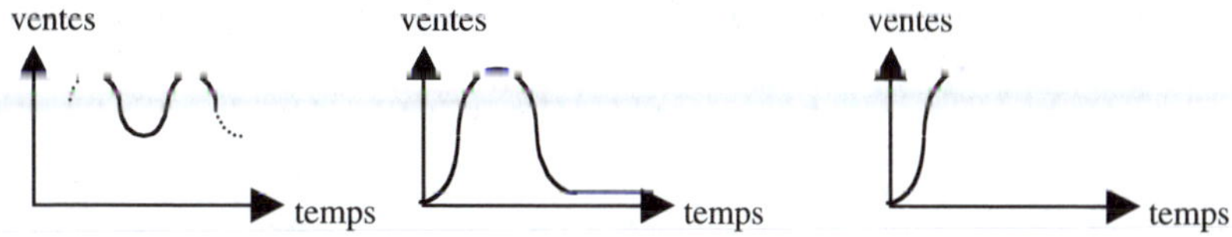

1 - Déterminez les caractéristiques de la Renault Clio.

La Renault Clio III peut être livrée avec un moteur essence ou diesel. En version de base, elle ne coûte que 11 800 €. À Paris, elle est maintenant disponible auprès des 85 concessionnaires locaux. C'est aussi ça être champion du monde des constructeurs ! Quant au financement, il peut courir de 12 à 72 mois. Il suffit d'en faire la demande directement auprès du concessionnaire.

Caractéristiques	Technique	Commerciale	Psychologique
Produit	Essence, diesel	11 800 €, 85 concessionnaires	Renault, champion du monde
Service	Financement à la concession	Financement DIAC, 12 à 72 mois	C'est facile à obtenir

2 - Identifiez les gammes de Procter & Gamble, choisissez deux lignes et citez leurs produits. Quelle est la taille de la gamme des lessives qui est décrite ici ?

Procter & Gamble produit et commercialise Ariel, Bonux mais aussi Pampers. La marque Ariel existe en trois versions (classique, fraîcheur alpine et style) comme Bonux. Les couches Pampers sont déclinées en quatre versions : new baby, active fit, easy up pants, baby dry. S'y ajoutent deux références de lingettes : les lingettes Pampers classiques et les lingettes Pampers sensitive.

Marque	Gamme	Ligne	Produit
Procter & Gamble	Lessives	Ariel	Classique, fraîcheur alpine et style
	Couches	Lingettes	Classique et sensitive

Taille : 2 lignes (Ariel, Bonux), 3 produits chez Ariel et 3 chez Bonux, soit une longueur de 6 produits.

3 - Représentez graphiquement les ventes des produits ci-dessous. Précisez leurs phases.

A	10	20	60	65	55	20
B	5	60	60	5	5	5
C	15	25	65	62	55	62

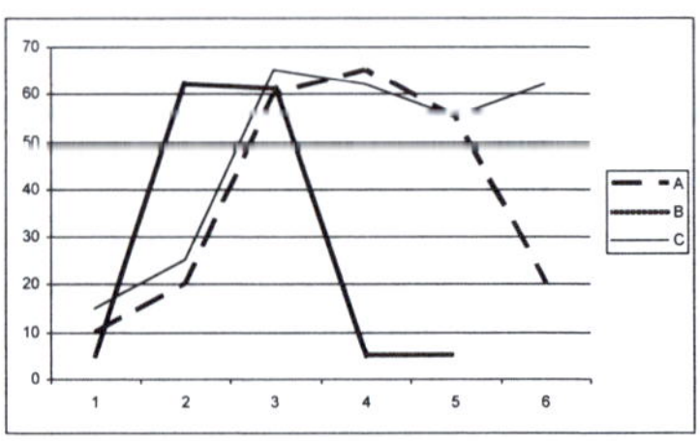

A : du lancement au déclin.
B : soumis à un effet de mode, les ventes sont tout de suite en phase de croissance. La maturité cesse brutalement et le produit n'intéresse plus que les « nostalgiques ».
C : après un léger déclin, le produit est relancé.

15 Le prix

Le prix constitue l'un des quatre éléments du plan de marchéage avec le produit, la communication et la distribution. C'est un élément clé pour les producteurs, les distributeurs et les consommateurs.

1 Les composantes du prix

Le prix peut être décomposé en :
– **prix d'achat** (pour le distributeur) ou **prix de revient** (pour le producteur) + les frais (de distribution, de communication…) et la marge (le producteur applique habituellement le taux de marge, le distributeur le taux de marque) = le prix tarif, toujours hors taxes de professionnel à professionnel ;
– le **prix tarif professionnel** – les écarts (rabais pour défaut, remise sur grosse commande, ristourne de fin d'année sur le chiffre d'affaires, escompte pour paiement comptant) = le prix de vente hors taxes (HT) ;
– le **prix de vente HT** + les taxes, notamment la TVA dont le taux varie selon les produits = le prix de vente toutes taxes comprises (TTC).

2 Les techniques de fixation du prix

Il existe plusieurs techniques pour fixer le prix :
– à partir de la demande ; c'est la technique du prix psychologique (*cf.* fiche 16) ;
– à partir des coûts ; c'est la technique du seuil de rentabilité (*cf.* fiche 17) ;
– à partir de la marge souhaitée par l'entreprise et ses distributeurs ;
– à partir de la concurrence, afin de se positionner par rapport à eux.

3 Les conditions de vente

Ce sont les conditions qui régissent l'application du contrat de vente entre le fournisseur et son client :
– le règlement : c'est l'encaissement du prix constitutif du chiffre d'affaires ;
– les réductions de prix ou écarts ;
– les barèmes de prix (figurent exceptionnellement aux conditions générales de vente) ;
– les conditions de livraison, le franco de port, etc.

4 Les aspects réglementaires et juridiques

Ils visent à prévenir la concurrence déloyale et à favoriser la baisse des prix. La Direction générale de la concurrence, de la consommation et de la répression des fraudes (DGCCRF) en exerce le contrôle.

• Revente à perte interdite sauf exceptions (exemple : périssables). Le seuil correspond au montant facturé augmenté des taxes et frais de transport et diminué d'une partie des marges arrières (20 % jusqu'en 2007, 10 % ensuite).
• Prix abusivement bas s'il a pour but d'éliminer un concurrent.
• Prix imposé aux distributeurs interdit, prix « conseillé » autorisé.
• Prix discriminatoire interdit sauf s'il respecte certaines conditions communiquées aux clients : selon le lieu, le moment, la personne.
• Délai légal de paiement de 30 jours sauf accords particuliers.

en pratique

1 - Déterminez le prix de vente TTC

Vous assistez un producteur de vin qui estime son prix de revient à 5 € la bouteille. Il souhaite pratiquer un taux de marge de 60 % sur ce produit et il anticipe que son distributeur appliquera 15 % de taux de marque. En outre, vous accordez systématiquement sur une grosse commande (1 000 cols et plus) 5 % de remise et le port gratuit. La TVA sur ce produit étant de 19,6 %, quel est le prix de vente unitaire au client final ?

Intitulé	Formule	Calcul
Prix de revient (PR)	Donné	5 €
Plus marge du producteur (p)	PVp = PR × (1 + taux de marge) PVp = PR × (1 + 60 %)	5 € × (1 + 0,6) = 5 € × 1,6 = 8 €
Plus marge du distributeur (d)	PVd = PAd / (1 − taux de marque) PVd = PAd / (1 − 15 %) PVd = PAd / 85 %	 x = 8 € / (1 − 15 %) x = 8 € / 0,85 = 9,41 €
Moins remise = PVHT	PVHT = PAd × (1 − taux remise) PVHT = PAd ×95 %	x = 9,41 € × (1 − 0,05) x = 9,41 € × 0,95 = 8,94 €
Plus TVA = PVTTC	PVTTC = PVHT × (1 + taux TVA) = PVHT × 1,196	x = 8,94 € × (1 + 0,196) = 8,94 € × 1,196 = 10,69

2 - Calculez le prix tarif de ce produit

Il s'agit du prix HT auquel le produit est proposé avant rabais, remise, ristourne ou escompte : prix de revient plus marge du producteur = 8 € HT.

3 - Quels éléments ci-dessus pouvez-vous faire figurer dans les conditions générales de vente de votre entreprise ?

Ce sont les éléments qui s'appliquent aux catégories de clients qui y sont précisées :
Le prix tarif : 8 € HT ; la remise de 5 % pour toute commande > à 1 000 bouteilles ; franco de port pour toute commande > à 1 000 bouteilles.

4 - Parmi les faits suivants, lesquels la loi autorise-t-elle ?

1. Votre entreprise veut remplacer un concurrent chez son distributeur. Pouvez-vous accepter la proposition de ce dernier de faire une promotion sur votre vin à 1 € ? **2.** Vous décidez une opération de mercatique directe pour votre vin sur la zone de chalandise de votre distributeur. Pouvez-vous y inscrire « prix : 10 € » ? **3.** En commercialisant votre vin à 9,10 € la bouteille votre distributeur revend-il à perte ? **4.** Vous constatez que votre produit est vendu 8,99 € en linéaire. Quel problème envisagez-vous ? **5.** Votre distributeur peut-il vous demander un paiement à 60 jours fin de mois ?

Réponses :

__1.__ Non, car la DGCCRF réussira sans doute à prouver qu'il s'agit d'un prix abusivement bas. __2.__ Non, car il s'agit alors d'un prix imposé au distributeur. Vous pouvez marquer « prix conseillé : 10 € ». __3.__ Non, il n'a fait qu'abandonner sa marge. 8 € × 0,95 × 1,196 = 9,09 €. __4.__ Il s'agit de revente à perte mais vous n'êtes pas responsable. Vos prix ne sont plus homogènes sur le marché et les autres distributeurs vont réclamer des remises ! __5.__ Oui, mais c'est à vous d'estimer si vous pouvez accepter.

16 La fixation du prix par la demande : le prix psychologique

Le prix de vente choisi par l'entreprise doit, comme on l'a vu à la fiche précédente, tenir compte du consommateur. Le prix auquel le consommateur est prêt à acheter le produit est appelé prix psychologique ou prix d'acceptabilité.

1 Le principe

Il est déterminé à partir d'une enquête qui pose deux questions :

1. « Quel est le prix à partir duquel vous jugez le produit trop cher ? »
2. « Quel est le prix à partir duquel vous jugez le produit de qualité insuffisante ? »

En fonction des réponses obtenues, on peut calculer le prix psychologique : c'est celui qui maximise le nombre d'acheteurs potentiels.

La méthode de détermination du prix se réalise par le calcul et par le graphique.

2 Les limites du prix psychologique

- Comme toute enquête, sa valeur est limitée dans le temps.
- Le produit est proposé au consommateur en dehors de son univers concurrentiel (si un produit apparaît au consommateur d'un meilleur rapport qualité/prix, il peut changer son jugement par rapport au résultat qu'il aura donné dans l'enquête).
- Ce prix n'est pas forcément celui qui maximise le chiffre d'affaires.

3 La méthode de détermination du prix psychologique

La société Capilux, spécialisée dans la fabrication de produits de soins capillaires, souhaite lancer un nouveau shampooing adapté aux enfants pour compléter sa gamme. Une étude du prix d'acceptabilité a été réalisée auprès d'un échantillon de 1 000 personnes à qui on a demandé d'essayer le produit et de répondre à deux questions à partir d'une fourchette de prix de 1,5 € à 5 €.

Question 1 : « Quel est le prix à partir duquel vous considérez ce shampooing trop cher ? »

Question 2 : « Quel est le prix à partir duquel vous considérez ce shampooing de mauvaise qualité ? »

Le dépouillement des réponses a donné les résultats suivants :

Prix	Réponses question 1	Réponses question 2
1,5	0	130
2	0	280
2,5	70	200
3	110	70
3,5	170	20
4	240	0
4,5	330	0
5	80	0
total	1 000	1 000

1 - S[illegible] le calcul

Prix d[illegible] vente[illegible]	[illegible]	[illegible]x trop élevé %	Cumul Croissant en % (a)	Qualité mauvaise Nombre de réponses	%	Cumul décroissant en % (b)	% non-acheteurs potentiels (a) + (b)	% acheteurs potentiels 100 - (a + b)
1,5	[illegible]	0	**0**	430	43	**100**	100	100 - (100) = 0
2	[illegible]	0	**0**	280	28	**57**	57	100 - (57) = 43
2,5	[illegible]	7	**7**	200	20	**29**	36	64
3	[illegible]	**11**	**18**	**70**	**7**	**9**	**27**	**73**
3,5	170	17	**35**	20	2	**2**	37	63
4	240	24	**59**	0	0	**0**	59	41
4,5	330	33	**92**	0	0	**0**	92	8
5	80	8	**100**	0	0	**0**	100	0
	1 000	100		1 000	100			

Interprétation des résultats

Au prix de 1,5 € personne n'a estimé le produit trop cher ; 430 personnes pensent qu'il est de mauvaise qualité. Donc, au prix de 1,5 €, 0 % des consommateurs interrogés estime le prix trop élevé mais 100 % estiment qu'il est de mauvaise qualité (puisque ceux qui trouvent la qualité mauvaise à 3,5 € la trouvent aussi forcément mauvaise à 1,5) : il n'y aura aucun acheteur potentiel.

Au prix de 2,5 € : 7 % des consommateurs estiment le produit trop cher et 29 % estiment qu'il est de mauvaise qualité. Il y aura donc 36 % (7 + 29) de non-acheteurs potentiels. Soit 100 – 36 = 64 % d'acheteurs potentiels.

Le prix psychologique est 3 € car c'est celui qui assure le maximum d'acheteurs potentiels : 73 %.

2 - La solution graphique

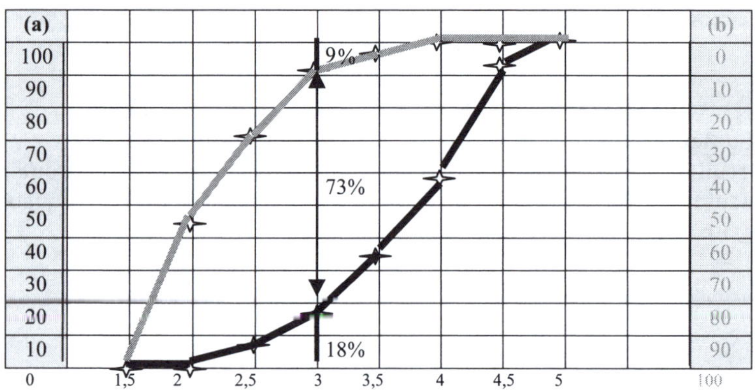

La courbe noire est établie en fonction des différents prix (sur l'axe horizontal) et des cumuls croissants y correspondants (a) (sur l'axe de gauche de 0 à 100). La courbe grise est établie en fonction des différents prix (sur l'axe horizontal) et des cumuls décroissants y correspondants (b) (sur l'axe de droite de 100 à 0).

17 La fixation du prix à partir des coûts : le seuil de rentabilité

Toute entreprise a pour objectif de réaliser un bénéfice. Son chiffre d'affaires doit donc permettre de couvrir les charges et de faire du profit.

1 Définition : seuil de rentabilité et notion de charges

Le seuil de rentabilité est le chiffre d'affaires qui permet de couvrir les charges de l'entreprise et à partir duquel elle commence à faire des bénéfices.

Les charges de l'entreprise se répartissent en deux catégories :

– les charges fixes : elles ne varient pas quelque soit le volume d'activité de l'entreprise (exemples : location des machines ou des bâtiments, salaires fixes…) ;

– les charges variables : elles varient selon le volume d'activité de l'entreprise (partie variable du salaire, consommation de matières premières, achat marchandises).

2 La méthode de détermination du seuil de rentabilité

1. Par le calcul

Le chiffre d'affaires (CA) réalisé engendre des charges variables (si je vends beaucoup, je dois acheter ou produire beaucoup). L'entreprise dégage une marge entre son prix de vente et ses charges variables. Cette marge est appelée marge sur coûts variables :

CA HT – charges variables (CV) = marge sur coûts variables (MCV)

Il est souvent nécessaire de savoir quelle part du CA représente la marge sur coût variable pour pouvoir la calculer sur plusieurs éventualités de chiffre d'affaires. Cette part s'appelle le taux de marge sur coûts variables :

Taux de MCV = MCV/CA

Une fois les charges variables couvertes, ils restent à couvrir les charges fixes (CF). Nous atteindrons le seuil de rentabilité, lorsque la marge sur coûts variables couvrira les frais fixes :

Seuil de rentabilité (SR)

(2 calculs possibles)

SR = CF/Taux de MCV ou SR = (CA × CF)/MCV

2. La détermination graphique

Le seuil de rentabilité correspond au point de rencontre entre la droite représentant les frais fixes et la droite de marge sur coût variable dont l'équation est y = taux de MCV × x

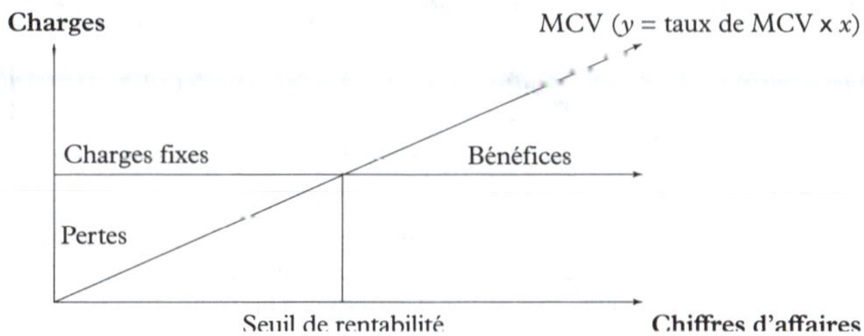

en pratique

ez un stage chez Repassetout, société d'électroménager qui fabrique alise des fers à repasser ; l'entreprise souhaite lancer un nouveau fer à oyenne gamme et vous demande de calculer le seuil de rentabilité de partir des données suivantes :

nte au revendeur : 20,00 € HT ;
sont les suivantes :
on par pièce : 15 € ;
ommunication publicitaire : 2 % du CA ;
iées au site de production : 50 000 € an ;
– le produit sera commercialisé par la force de vente actuelle sans surcoût.

Charges variables (CV)	15 + (2 % × 20) = 15,40	
Marge sur coût variable (MCV)	CA – CV = 20 – 15,40 = 4,60	
Taux de marge sur coût variable (T × MCV)	MCV/CA = 4,60/20 = 0,23	
Coûts fixes par an (CF)	50 000	
Seuil de rentabilité (SR) ***Arrondi à l'euro supérieur***	Méthode 1 : SR = CF / Tx MCV 50 000/0,23 = 217 392 €	Méthode 2 : SR = (CA × CF)/MCV 20 × 50 000/4,60 = 217 392 €
Nombre de pièces à vendre pour atteindre le seuil	SR/prix de vente = 217 392/20 = 10 869,6 = 10 870 pièces	
Équation de droite permettant de faire la représentation graphique.	$y = 0,23\ x$	

18 La distribution

La distribution constitue l'un des quatre éléments du plan de marchéage avec le produit, le prix et la communication. C'est l'ensemble des activités qui mettent en relation l'offre des producteurs avec les consommateurs.

1 Objectifs et rôles de la distribution

Identification	Objectifs	Rôles
Logistique	• Stocker • Fractionner • Acheminer	• Entreposer, tenir les produits à disposition. • Répartir le stock en fonction des commandes. • Transporter les commandes aux distributeurs.
Distribution	• Informer • Présenter • Vendre	• Descendre et remonter l'information dans le circuit de distribution, conseiller le client. • Marchandisage : gérer et organiser l'offre en magasin. • Le détaillant découvre, argumente et conclut.

2 Les circuits de distribution

C'est l'ensemble des intermédiaires qui interviennent entre le producteur et le consommateur.

• Circuit direct : pas d'intermédiaire entre le producteur et le consommateur. Exemple : le consommateur achète sur le site marchand du producteur.

• Circuit court : un détaillant sert d'intermédiaire entre le producteur et le consommateur. Exemple : Princesse Tam-Tam fabrique et détaille de la lingerie.

• Circuit long : plusieurs intermédiaires entre le producteur et le consommateur. Exemple : grande distribution avec centrale et grandes surfaces ; groupements d'achats avec grossistes et détaillants.

3 Les aspects réglementaires et juridiques

Ils visent à protéger les consommateurs ①, à clarifier les relations commerciales ② et à réguler les implantations commerciales ③.

• ① **Vente à distance :** information préalable, confirmation de commande, délai de rétractation de 7 jours, remboursement et livraison sous 30 jours.

• ① **Vente directe :** bon de commande, délai de réflexion de 7 jours, livraison et paiement à l'issue de ce délai, vente pyramidale interdite, abus de faiblesse.

• ② **Franchise :** les obligations réciproques du franchiseur et du franchisé figurent dans la loi Doubin et reposent notamment sur une information sincère et l'assistance du franchiseur ainsi que le respect du concept, des approvisionnements et du paiement des royalties par le franchisé.

• ③ **Implantation commerciale :** création ou extension d'un commerce de détail > 300 m^2, changement d'activité d'une surface > 2 000 m^2 dans le non alimentaire ou > 300 m^2 dans l'alimentaire soumis à autorisation de la CDEC reposant sur une étude d'impact et une enquête publique pour les projets > 6 000 m^2.

1 - Identifiez les objectifs et les rôles de la distribution dans les GMS.

La distribution est un enjeu pour les enseignes de GMS. La chaîne logistique doit être très performante pour que chaque jour les magasins soient approvisionnés. Qu'il s'agisse de livraisons en direct par le fournisseur ou par l'entrepôt de la centrale, les marchandises ont dû être stockées au plus juste en fonction des commandes. Le fractionnement des marchandises qui permet à chaque magasin de recevoir ses marchandises est effectué au plus tôt dans la chaîne afin d'éviter des manipulations ultérieures synonymes de coûts et de casse ! Enfin les transporteurs entrent en jeu et doivent acheminer les marchandises au lieu et à l'heure dits.
Là, les magasins les stockent en réserve ou directement en rayon. Dans ce cas, il faut gérer le linéaire pour organiser son implantation. Mais faut-il encore savoir créer une ambiance qui va séduire le consommateur. Il n'y a plus ensuite qu'à recevoir les clients. En libre-service, c'est le linéaire qui est le vendeur. Mais certains rayons réclament du personnel qui va assister les clients dans leurs choix.
Tout au long de ce processus, l'information circule entre l'amont et l'aval du circuit de distribution : entre le client et l'équipe de vente, entre le magasin et la centrale, entre la centrale et le fournisseur ou directement entre le fournisseur et le magasin. L'information est indispensable pour que les acteurs s'ajustent entre eux.

2 - Identifiez les différents circuits de distribution de Puma.

Nike et Adidas sont présents dans tous les magasins d'articles de sport mais Puma a fait le choix d'une distribution différente. On peut trouver les produits en GSS, mais toute la gamme n'y sera pas présente. Dans certains magasins spécialisés, on peut trouver jusqu'à 20 modèles différents. Dans les Puma stores, on trouve exclusivement les produits de la marque. Ce sont des boutiques de 200 à 300 m^2 à l'assortiment très profond où chaque variante d'un modèle est disponible.
Réponses : *circuit direct pour les Puma stores ; circuit court pour les magasins indépendants qui s'approvisionnent chez Puma ; circuit long pour Décathlon par exemple, qui commande via la centrale et redistribue ensuite aux magasins.*

3 - Parmi les éléments ci-dessous évaluez ceux qui enfreignent la loi.

1. Puma ne fait pas de demande d'ouverture pour ses Puma stores.
2. Un commercial est venu chez moi me vendre une véranda et je lui ai versé aussitôt un acompte de 2 000 €.
3. Les ouvriers ont tout de suite commencé les travaux et j'avais ma véranda en quatre jours !
4. En revanche, j'ai renvoyé une cafetière que j'avais achetée par correspondance et je n'ai rien payé. Elle était moins bien que sur le catalogue.

Réponses : *1- Pas besoin de demande d'ouverture pour les surfaces < 300 m^2. 2- Le commercial ne peut accepter aucun paiement avant l'expiration du délai de rétractation. 3- Les travaux ne peuvent commencer avant l'expiration du délai de rétractation. 4- Vous avez 7 jours pour vous rétracter et 30 jours pour renvoyer la marchandise.*

19 La communication

Elle constitue l'un des quatre éléments du plan de marchéage avec le produit, le prix et la distribution. Il s'agit de communiquer sur le produit ou l'institution par le biais de supports médias ou hors média.

1 Qu'est-ce que la communication ?

C'est l'émission d'un message sur l'entreprise (institutionnel) ou ses produits pour modifier le niveau d'information et la perception d'un destinataire dans le but de faire évoluer son comportement. La communication peut prendre différent canaux :

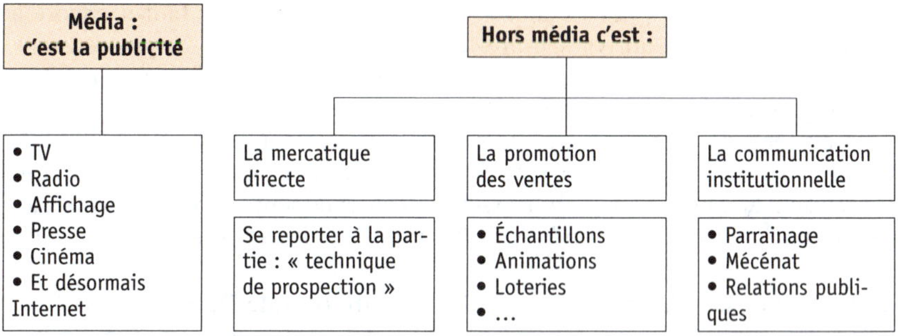

2 Les objectifs de la communication

• Faire connaître : on apporte au consommateur l'information dont il a besoin pour agir. Exemple : la publicité magazine de Microsoft pour Office 2003 informe sur les innovations de ce logiciel.

• Faire aimer : il s'agit de jouer sur les émotions, de construire une image. Exemple : un roman photo compare avec humour les utilisateurs des versions antérieures d'Office avec des dinosaures.

• Faire agir : il faut pousser le consommateur à passer à l'action. Exemple : deux dinosaures dialoguent : « Et si on demandait une mise à jour de notre version Office ? » « C'est comme si c'était fait ». L'adresse internet est juste à côté.

3 Les rôles de la communication

• La publicité doit toucher le plus grand nombre de consommateurs pour augmenter la notoriété du produit. Elle envoie un message plus ou moins segmenté selon les médias. Exemple : chaîne hertzienne pour un message indifférencié ou chaîne thématique pour un message très ciblé.

• La mercatique directe attend une réponse à une sollicitation. Exemple : un appel téléphonique pour obtenir un rendez-vous.

• La promotion des ventes cherche à déclencher l'achat. Exemple : une animation pour faire acheter un produit.

• La communication institutionnelle peut faire évoluer l'image de l'entreprise ou de ses produits. Exemple : parrainer un bateau dans une course.

1- Identifiez les types de communication et leur rôle pour le commercial.

Cédric est super motivé cette semaine ! Il va pouvoir annoncer à sa clientèle de revendeurs la campagne de publicité nationale de sa marque à partir du mois prochain. Sûr que les commandes vont exploser : avec la télé, l'affichage et la presse, les clients vont affluer et il doit en convaincre les points de vente. En plus, les boîtes aux lettres de son secteur vont recevoir un mailing qui reprend la publicité et propose un jeu-concours avec des places à gagner au stade de France à condition de déposer les coupons en magasin. Les revendeurs peuvent participer à un challenge avec des places à gagner en loge, accès VIP, etc. L'événement est parrainé par la marque, que l'on ne verra pas sur les panneaux du stade.

- **Publicité :** *télé, affichage et presse. Sensibilise les clients finaux à la marque et à ses produits. Pour Cédric, ce sont des commandes plus importantes.*
- **Mercatique directe :** *le mailing. C'est un argument de vente car il va y avoir plus de trafic vers les points de vente.*
- **Promotion des ventes :** *le jeu-concours. Pour les revendeurs comme les clients finaux, cela stimule l'action.*
- **Communication institutionnelle :** *le parrainage. L'image de l'entreprise n'en sera que meilleure ; celle de ses distributeurs aussi !*

La communication va permettre à Cédric de fidéliser ses distributeurs et de vendre plus.

2 - Recherchez les objectifs et les moyens de cette communication.

Votre entreprise participe au salon de l'habitat. Sur le stand les visiteurs voient les produits et vous êtes là pour les renseigner. Des brochures ont même été éditées pour être laissées aux prospects. Ils y trouveront toutes les caractéristiques de la gamme. On a pensé à un coin pour discuter, assis, autour d'un café et faire un devis. Pour les prospects, on a prévu des crayons marqués. De toute manière, vous les recontacterez dès la semaine prochaine pour les encourager à profiter de « l'offre spéciale salon » valable deux mois.

- **Objectif :** *faire connaître.* ***Moyens :*** *le stand, votre connaissance technique, les brochures.*
- **Objectif :** *faire aimer.* ***Moyens :*** *votre sens du contact, votre empathie, le coin pour discuter, les cadeaux.*
- **Objectif :** *faire agir. Ici, agir c'est d'abord les faire asseoir pour réaliser un devis puis ensuite passer commande.* ***Moyens*** *pour faire asseoir et faire un devis : votre argumentaire ; pour faire acheter : votre relance, votre argumentaire et l'offre spéciale valable seulement deux mois.*

Conclusion sur l'étude de l'offre de l'entreprise (*cf.* fiches 14 à 19)

Le plan de marchéage doit être cohérent : les plans produit, prix, communication et distribution doivent aller ensemble. Exemple : un produit haut de gamme vendu à prix élevé en distribution sélective avec une communication sur l'image prestigieuse de la marque. Un prix bas serait-il cohérent ?

TEST n° 2 La mercatique

Pour répondre à ce test, cochez ☺ (vrai) ou ☹ (faux)

	Vrai ☺	Faux ☹
1. La démarche mercatique		
a) La démarche mercatique est l'analyse du marché.	☐	☐
b) L'analyse du marché porte sur l'offre, la demande et l'environnement.	☐	☐
c) Dans l'offre, on analyse les statistiques de ventes.	☐	☐
d) Les prescripteurs font partie de la demande.	☐	☐
e) Le commercial a un rôle dans la démarche mercatique.	☐	☐
2. Les études documentaires		
a) Étude documentaire = étude secondaire.	☐	☐
b) Une étude documentaire peut reposer sur des données externes.	☐	☐
c) Les études documentaires sont les plus coûteuses.	☐	☐
d) On peut utiliser la presse professionnelle pour une étude documentaire.	☐	☐
e) Les études documentaires se font à la CCI.	☐	☐
3. Les études sur le terrain		
a) Étude sur le terrain = étude primaire.	☐	☐
b) Les études qualitatives répondent à la question « combien ? ».	☐	☐
c) L'enquête par sondage est une enquête quantitative.	☐	☐
d) Un échantillon exhaustif correspond à toute la population mère.	☐	☐
e) Un entretien individuel fait partie des enquêtes quantitatives.	☐	☐
4. La clientèle		
a) Segmenter la clientèle, c'est la regrouper selon des critères.	☐	☐
b) L'achat d'impulsion correspond aux produits anomaux.	☐	☐
c) Les éléments SONCAS sont des motivations.	☐	☐
d) Les freins ce sont les peurs.	☐	☐
e) Le consommateur agit en fonction de son environnement.	☐	☐
5. Les produits : biens et services		
a) Un service est immatériel et un bien est matériel.	☐	☐
b) La qualité est une caractéristique psychologique du produit.	☐	☐
c) La largeur, la profondeur et la longueur sont des dimensions de la gamme.	☐	☐
d) Une gamme large comprend beaucoup de lignes.	☐	☐
e) Une gamme profonde comprend beaucoup de lignes.	☐	☐
f) La phase de maturité est toujours suivie de la phase de déclin.	☐	☐
6. Le prix		
a) Le net à payer est un prix TTC.	☐	☐
b) Le taux de marge correspond à la marge sur le coût de revient.	☐	☐
c) Une enquête de prix d'acceptabilité comprend deux questions.	☐	☐

	Vrai ☺	Faux ☹
d) Le prix psychologique donne toujours le chiffre d'affaires maximum possible.	☐	☐
e) Le seuil de rentabilité est une méthode de fixation du prix par les coûts.	☐	☐
f) Le seuil de rentabilité permet d'identifier le prix psychologique.	☐	☐
7. La communication		
a) Le parrainage est de la promotion des ventes.	☐	☐
b) La communication a trois objectifs : faire connaître, aimer et agir.	☐	☐
c) Une animation est de la promotion de ventes.	☐	☐
d) Le publipostage est de la mercatique directe.	☐	☐
e) La communication institutionnelle parle du produit.	☐	☐
f) La communication média s'appelle aussi la publicité.	☐	☐
8. La distribution		
a) La logistique fait partie de la distribution.	☐	☐
b) La vente directe est synonyme de circuit de distribution direct.	☐	☐
c) Le marchandisage et la commercialisation font partie de la distribution.	☐	☐
d) Lorsque le fournisseur et le distributeur sont proches, c'est un circuit court.	☐	☐
e) Un circuit long c'est lorsqu'il y a plusieurs intermédiaires entre le producteur et le consommateur.	☐	☐
f) Le consommateur dispose de 7 jours pour se rétracter dans la vente directe.	☐	☐

ok

16/20

8 fautes / 40

20 Les stratégies de prospection

Le processus de vente d'une entreprise passe par les phases de prospection, négociation/vente et de suivi/fidélisation de la clientèle. La phase de prospection est d'une importance vitale et doit faire partie intégrante de la stratégie commerciale de l'entreprise.

1 Les problématiques

Pour une opération de prospection, les problématiques peuvent être de vendre un nouveau produit ou service à la clientèle actuelle, toucher une nouvelle cible, couvrir une nouvelle zone géographique, relancer les anciens clients. Le service marketing définit une stratégie de prospection qui consiste à déterminer :
– la ou les cibles(s) que l'entreprise souhaite atteindre ;
– les moyens qu'elle va mettre en œuvre pour toucher cette cible.

2 Le prospect

Un prospect est un client potentiel pour les produits ou services de l'entreprise. Le non-consommateur relatif est susceptible de consommer le produit si certains freins sont levés. Le non-consommateur absolu ne consommera jamais le produit. Parmi les prospects, on peut distinguer le prospect froid (n'accepte pas le rendez-vous), le prospect tiède (a accepté le rendez-vous mais paraît peu intéressé) et le prospect chaud (a accepté le rendez-vous, un devis éventuellement et est susceptible d'acheter le produit).

3 Les étapes d'une stratégie de prospection

- Élaboration d'un projet de prospection : recherche d'informations, sélection de la cible, choix d'une technique et des outils de prospection, fixation des objectifs opérationnels.
- Organisation d'une opération de prospection : fichier prospects, techniques de prospection, outils d'aide à la prospection.
- Réalisation d'une opération de prospection : publipostage, appels téléphoniques, prospection terrain, manifestations commerciales, mise à jour des fichiers.
- Analyse des résultats de l'opération, calcul et analyse des ratios de prospection, rétroaction.
- Transmission des résultats de l'opération de prospection.

en pratique

Étude de cas

L'entreprise Naturabio est revendeur de produits alimentaires biologiques fermiers et artisanaux, locaux et régionaux. Elle dispose d'un catalogue de 600 références : produits frais, viandes, légumes, produits d'épicerie bio (chocolat, riz, sucre…). Elle est installée dans le nord de Nantes, et a pour clientèle principale les particuliers situés dans un rayon de 20 km autour de l'entreprise, mais livre jusqu'à 50 km autour de Nantes. Elle travaille sur commande avec livraisons hebdomadaires à domicile.

Désireuse de développer son activité, elle vous confie le soin de réfléchir à une stratégie globale de prospection d'une ou de plusieurs nouvelles clientèles.

Voici votre mission

Montez un projet de prospection détaillé que vous présenterez ensuite au directeur commercial de l'entreprise.

La problématique ?

Pour Naturabio, la problématique est de développer son portefeuille clients dans une zone géographique et sur des volumes compatibles avec le savoir-faire et les moyens de l'entreprise.

Les cibles potentielles ? (un choix sera nécessaire)

1. Les particuliers : à domicile (de 20 à 50 km : méthode actuelle), en réunion, sur les marchés, auprès des comités d'entreprises, sur les salons bio, par des animations en galeries marchandes.
2. Les professionnels : les magasins bio, les épiceries/traiteurs, les restaurateurs *(qui proposent des produits bio dans leur carte)*, les GMS *(plus difficile, seulement les indépendants, et seulement pour des volumes compatibles avec nos moyens).*

Que puis-je me fixer comme objectifs ? Par exemple, obtenir 5 nouveaux clients par semaine, pour compléter les tournées existantes (ou créer de nouveaux secteurs).

Techniques de prospection possibles :

Prise de rendez-vous puis visite de prospection : pour les professionnels et particuliers ; prospection directe (sans prise de rendez-vous) : plutôt pour les particuliers ; tracts dans les boîtes aux lettres (ISA), publipostage, télé prospection, vente sur stand.

Supports possibles (supports = documents, outils d'aide à la vente) :

Plan d'appel téléphonique, argumentaire de prospection, lettre de publipostage, fichier prospects, plan de tournée, échantillons, « paniers garnis », catalogues produits.

Sources nécessaires (les infos pour repérer mes clients potentiels) :

– annuaire « pages blanches » pour les particuliers ;
– fichier acheté à une société de VPC, par exemple ;
– annuaire « pages jaunes » pour les magasins bio ;
– Internet pour les salons bio, les magasins bio et les marchés ;
– annuaire de la CCI pour les CE des entreprises de + de 50 salariés ;
– plans des villes et cartes routières de la zone à couvrir…

21 Les techniques de prospection

Il existe de nombreuses techniques de prospection ; on peut les classer en deux groupes.

1 Les techniques qui nécessitent un contact direct

Entre le commercial et son prospect : prospection directe, par réunion, par manifestations commerciales (salons, foires, portes ouvertes), par parrainage.

• **Prospection directe.** Il s'agit d'aller démarcher directement chez le client potentiel (particulier : on appelle cela du porte-à-porte) (ou entreprise) sans prise de rendez-vous préalable.

• **Prospection par réunion.** Exemples : Tupperware, Pierre Lang ; contact avec un prospect qui accepte d'organiser une réunion à son domicile, vous fournit le fichier, et invite lui-même les prospects.

• **Manifestations commerciales.** Exemple : salon Batimat, ou Serbotel. Location d'un stand sur un salon (pour les professionnels ou les particuliers), prise de contact avec les prospects, fixation d'un rendez-vous.

• **Journées « portes ouvertes ».** Organisation, dans les locaux de l'entreprise, d'une ou plusieurs journées de démonstration des produits.

• **Parrainage.** Technique qui consiste à demander à ses clients de fournir d'autres noms ; on peut se recommander de quelqu'un ; gain de temps, peu coûteux pour l'entreprise (coût éventuel des cadeaux, remises faites aux parrains) et évite la recherche de prospects.

2 Les techniques du marketing direct et des médias

Elles sont nombreuses : téléphone (phoning), publipostage (mailing), lettre d'informations, e-mailing, fax mailing, bus mailing, SMS, catalogue, imprimé sans adresse (ISA), asile-colis, couponing, annonce-presse, internet, cédérom, affichage, télévision, vidéo, radio, presse…

• **Télé prospection**, ou phoning, ou prospection téléphonique ou télémarketing ou marketing téléphonique : contact téléphonique avec des prospects pour prendre rendez-vous ; gain de temps par rapport à la prospection physique ; message individualisé ; coût : environ 10 € par contact ; nécessité de rigueur dans la gestion du fichier ; pas d'argumentation possible sur visuel ; possibilité de retours intéressants si le fichier est bon.

• **Mailing** ou publipostage : courrier personnalisé, adressé à un prospect par voie postale ; message personnalisé ; résultats quantifiables (2 à 3 % de retours ; taux très variables selon le ciblage et la qualité du message) ; importance d'un fichier actualisé ; calcul de rentabilité possible ; visuel et argumentation possibles.

• **Bus-mailing :** plusieurs entreprises se regroupent pour envoyer ensemble un mailing à leur cible, sous formes de cartes T ; nécessité d'avoir la même cible.

• **E-mailing**, 1 % des dépenses en marketing direct (13 % d'ici 10 ans ?) : mailing adressé par internet, sur la boîte e-mail des prospects.

• **Fax mailing :** même technique que le mailing mais par fax.

• Imprimé sans adresse ou **ISA** (1/3 des dépenses en marketing direct) : « prospectus » non adressé, distribué en « toutes boîtes » ou distribution ciblée.

• **Couponing :** action de communication par voie de presse, radio ou télévision ; l'annonceur offre la possibilité au prospect de répondre en renvoyant un coupon-réponse ou en passant un appel (numéro vert).

• **Annonce presse :** annonce publiée dans la presse avec coupon-réponse. Il existe de nombreux supports possibles, ce qui permet une adaptation possible à la cible et au budget.

• **SMS mailing** (*Small Message Service*) : message envoyé sur les téléphones mobiles (média à la mode, réactif, coût 10 à 20 fois inférieur à un mailing postal mais encore considéré comme une intrusion).

3 La répartition des investissements

Répartition des investissements en marketing direct en 2004 (% en valeur)

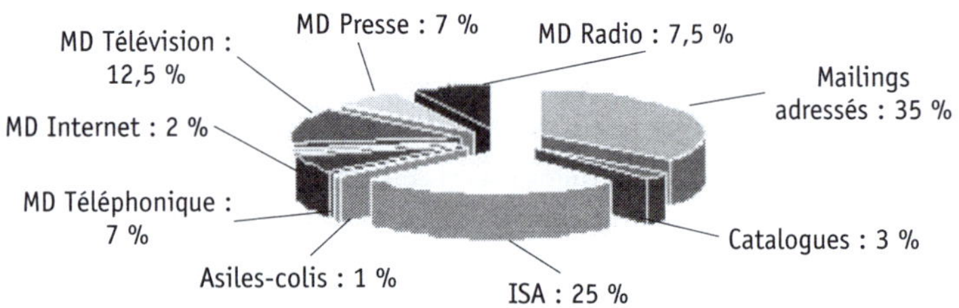

22 Le choix d'une cible

Le marché d'un produit ou d'un service est rarement homogène. Selon que les clients sont des particuliers, des entreprises, des collectivités, ils ont des besoins différents et possèdent des habitudes d'achat et de consommation qui leur sont propres. Avant toute opération de prospection, le commercial doit donc définir précisément sa cible à partir de critères de segmentation.

1 La cible

Il s'agit d'un groupe de personnes ou d'entreprises qui présentent des similitudes, sur un ou plusieurs critères (zone géographique, secteur d'activité, centre d'intérêt, catégories socioprofessionnelles...), que l'entreprise va essayer de toucher par ses actions de prospection ou de communication.
Le ciblage est une opération marketing qui consiste à sélectionner et/ou trier les clients potentiels en fonction de certains critères. Elle permettra de proposer une offre de produit ou service adaptée à chaque type de clients.

2 La segmentation

Segmenter le marché consiste à le diviser en sous-ensembles homogènes appelés segments. Les consommateurs composant un segment doivent avoir des caractéristiques et un comportement d'achat les plus homogènes possibles pour justifier un plan de marchéage spécifique. Le commercial va segmenter son marché pour adapter de la façon la plus fine possible son offre produit et son argumentaire, en fonction des besoins précis de chaque segment de sa cible.
Un critère de segmentation est une variable qui va permettre de décrire et valider les différents segments retenus. On peut distinguer plusieurs catégories de critères de segmentation, pour une cible de particuliers ou une cible de professionnels.

1. Les critères de segmentation pour la clientèle des particuliers

Ils sont réunis en grandes familles :
• **Les critères géographiques.** Ils regroupent la région, le climat, le type d'habitat (rural/urbain, centre-ville/banlieue), les tranches d'agglomération (moins de 2 000 habitants, de 2 000 à 5 000 habitants).
• **Les critères sociodémographiques.** Ils sont souvent utilisés, car ils sont liés à nombre de besoins et de comportements. De plus, ils sont faciles à obtenir et à quantifier : l'âge, le sexe, la nationalité, la situation de famille (célibataire, marié, avec ou sans enfants), le niveau d'études, les revenus, la PCS (profession et catégorie sociale).
• **Les critères comportementaux.** Ils concernent la relation des clients avec le produit ou le service : l'historique des achats ; la situation d'achat : occasionnelle, routinière, inhabituelle ; les avantages recherchés : économie, sécurité, confort, esthétisme, ostentation ; le statut d'utilisateur : régulier, premier, ancien utilisateur, non-utilisateur ; le taux d'utilisation : petit, moyen ou élevé ; l'attitude à l'égard du produit ; la fidélité à la marque ; l'attitude d'achat : le moyen de passation de commande utilisé ; le lieu d'achat (hypermarché, magasin spécialisé).
• **Les critères psychographiques.** Ils permettent d'interpréter ce que les critères géographiques et sociodémographiques ne permettent pas d'expli-

en pratique

xemple, des critères *a priori* objectifs comme le sexe, l'âge, la CSP de vie familiale ne justifient pas que certains consommateurs (de : de toutes conditions) passent leurs vacances dans un club (fami- libataires) où tout est organisé. *A contrario*, ceux qui fuient comme ype de loisirs n'ont pas un profil sociodémographique particulier.

:res de segmentation pour la clientèle des professionnels

tivité, la taille de l'entreprise, le CA potentiel, le type de produits la catégorie (grossiste, détaillant, prescripteur...).

:ipales stratégies de segmentation sont possibles :

Nom de la stratégie	Mercatique différenciée	Mercatique indifférenciée	Mercatique concentrée	Mercatique adaptée
Principe	1 produit et 1 programme pour chaque segment	1 produit 1 programme pour tous les segments	1 produit 1 programme pour un seul segment	1 produit pour tous les segments 1 programme pour chaque segment
Définition	La firme conçoit une gamme de produits et investit plusieurs canaux de distribution, utilise plusieurs axes de communication en fonction des différents segments de marché.	C'est une démarche globale pour tous les acheteurs potentiels à qui l'on propose un produit unique supporté par une action commerciale unique, un seul conditionnemen, un prix de base, une seule communication.	La firme concentre ses efforts sur un segment de marché pour lequel elle pense avoir des avantages. Cette stratégie est souvent le fait des PME qui identifient un segment étroit de marché dont le volume des ventes est trop faible pour intéresser une grande entreprise et peuvent ainsi réussir sur un créneau avec des moyens techniques, financiers ou humains limités.	Un seul produit est commercialisé par l'entreprise mais avec un programme mercatique spécifique, adapté à chaque segment de clientèle (conditionnement, prix, marque, différents pour un même produit utilisant deux circuits de distribution et visant donc deux clientèles possibles).
Avantages	Cette stratégie vise à accroître les ventes puisque les produits offerts sont mieux adaptés aux besoins des clients potentiels.	Elle présente des avantages économiques : réduction des frais fixes, utilisation des économies d'échelle et de l'apprentissage.	Offre parfaitement adaptée à la demande ; image de spécialiste.	Offre adaptée à chaque segment.
Inconvénients	Elle accroît les coûts de production, de distribution, de publicité. Sa mise en œuvre suppose que les segments aient été identifiés afin d'éviter tout risque de cannibalisation.	Mais elle présente de gros risques elle ne permet pas de satisfaire les consommateurs dont les besoins ne sont pas homogènes.	Risque de débouchés insuffisants et pérennité du segment ?	Augmentation des coûts de distribution et communication. Il faut que les clientèles aient les mêmes besoins.

23 La constitution du fichier

Le fichier est un ensemble de données homogènes, enregistrées et rangées dans un certain ordre, conçu pour en faciliter l'exploitation par un programme informatique. Le fichier « Prospects » contient toutes les données des fiches prospects. Le fichier « Clients » contient l'ensemble des données concernant les clients d'une entreprise.

1 Rôle et structure d'un fichier

• Le fichier va servir à entreprendre des actions de prospection par contact direct ou par marketing direct. La mise à jour permanente du fichier est cruciale pour l'entreprise. Il doit permettre de prévoir des actions commerciales sur certaines cibles, en fonction de critères de sélection.

• La structure du fichier : il comporte des données de base et des données complémentaires, utiles pour la performance du fichier.

Les données de base sont pour les particuliers : nom, prénom, adresse, code postal, ville, téléphone, fax, adresse e-mail. Pour les entreprises : raison sociale, adresse, code postal, nom et fonction de l'interlocuteur principal, autres contacts. Pour les deux : dates des commandes, types, quantités et prix des produits achetés, CA effectués, moyens de paiement…

Les données complémentaires sont l'historique des contacts : visites, appels téléphoniques, courriers, e-mails, fax, actions de prospection lancées… Toutes informations sur les produits utilisés, la présence de la concurrence, les processus d'achat… Pour les particuliers : date de naissance, PCS, situation familiale, propriétaire/locataire, type d'habitat… Pour les professionnels : code d'activité, CA de l'entreprise, nombre de salariés, date de création, volume à l'export…

2 Origine du fichier

Le fichier interne à l'entreprise (prospects et clients) doit être mis à jour en permanence. L'entreprise peut créer des fichiers complémentaires à partir de toutes les actions commerciales (salons, manifestation commerciale, publipostage, action de prospection téléphonique, contacts sur le site…). Elle peut aussi louer ou acheter des fichiers. La Commission nationale de l'informatique et des libertés (CNIL) a été instituée par la loi n° 78-17 du 6 janvier 1978 relative à l'informatique, aux fichiers et aux libertés qui la qualifie d'autorité administrative indépendante. La loi a été modifiée (pour simplifier les procédures de déclaration) par la loi n° 2004-801 du 6 août 2004 (*Journal officiel du 7 août 2004*).

en pratique

« Vos droits, ne vous en fichez pas ! »

La CNIL a pour mission essentielle de protéger la vie privée et les libertés individuelles ou publiques. Elle est chargée de veiller au respect de la loi « informatique et libertés » qui lui confie 5 missions principales : informer les personnes de leurs droits et obligations, garantir le droit d'accès aux informations les concernant, recenser et contrôler les fichiers, et enfin réglementer l'utilisation des fichiers recensés.

Les droits « informatique et libertés »

- Le droit à l'information
- le droit d'opposition
- le droit d'accès
- le droit de rectification

Le non-respect de ces droits est sanctionné pénalement.
En cas de difficulté dans l'exercice de vos droits, vous pouvez saisir la CNIL.

Source : www.cnil.fr

Comment se procurer un fichier ? Voici un exemple parmi d'autres : la société GFM Guide des fichiers et du marketing, qui permet d'acheter ou de louer des fichiers : recherche sur www.gfm.fr **Extrait**

Affiner la recherche — **9 fichiers trouvés** — Résultats par page: 5

Votre sélection: Mots clés: comites entreprise Catégorie: B to B Pays: FRANCE

Page 1/2 Suivant>

Nom du fichier	Catégorie	Potentiel fichier	Pays
1 - Cibl CE	B to B	17 554 adresses postales	FRANCE

Commoroialicó par

DPV Business
4, rue Gambetta 93583 SAINT-OUEN FRANCE
Tel. : 01 49 21 92 42 Fax : 01 49 21 95 01
Contact : dpvb@dpv.tm.fr (Mme Isabelle DUROU)

24 La prospection téléphonique

Le téléphone est un outil de prospection et de vente indispensable car beaucoup moins coûteux que le déplacement d'un commercial. Contacter un prospect par téléphone c'est faire de la prospection téléphonique, ou téléprospection, ou phoning ou télémarketing ou encore marketing téléphonique. Si on vend par téléphone, cela s'appelle de la télévente.

1 Les objectifs du marketing téléphonique

• En émission d'appels : prendre un rendez-vous, mettre à jour et/ou qualifier un fichier, donner suite à un mailing, faire une enquête, assurer le service client, vendre ou faire du réassort.

• En réception d'appels : prendre une commande, fournir des informations sur l'entreprise et ses produits ou services, assurer le SAV.

2 La préparation de l'opération

L'efficacité de l'opération de prospection téléphonique repose sur une bonne préparation :

– disposer d'un fichier qualifié ;
– avoir bien défini l'objectif de la prospection : avec la standardiste ou l'assistante (obtenir l'interlocuteur) et avec l'interlocuteur (obtenir un rendez-vous) ;
– prendre connaissance du publipostage s'il en a été adressé un ;
– concevoir la trame téléphonique ;
– préparer les réponses aux objections ;
– constituer un planning d'appels ; définir les heures d'appel en fonction de la cible ;
– concevoir ou disposer de la fiche prospect à remplir ;
– préparer tout son matériel : un bureau et une ambiance calme, fichier, agenda, crayon à papier, fiches de contacts, fiches statistiques…
– se préparer psychologiquement : sourire, attitude, voix, mots, expressions, écoute active, silence.

3 La réalisation de l'opération

Le phoning doit être réalisé de façon rigoureuse. Il est conseillé d'utiliser la **méthode CROC** : prendre **contact** (présentation personnelle et de l'entreprise, vérification de l'interlocuteur), évoquer la **raison** de l'appel (accroche, annonce d'un argument), définir **l'objectif** de l'appel (obtenir un rendez-vous, faire venir à un salon), faire la **conclusion** (reformuler, remercier et prendre congé).

en pratique

Les professionnels du marketing téléphonique s'accordent à dire que cet outil multiplie par douze les résultats du mailing. À partir d'une action qui a engendré 2 % de coupons-réponses, si vous relancez les personnes qui n'ont pas répondu, vous obtenez jusqu'à 22 % de réussite. Soit un total de 24 % (22 + 2) de remontées au total !

Extrait du magazine *l'Entreprise*, n° 196, janvier 2002.

Le « barrage de la secrétaire » existe toujours ; il faut savoir le contourner en ayant préparé les réponses aux objections possibles :

Il n'est pas là.	Pouvez-vous me dire à quel moment il est disponible ? début de matinée ou fin d'après-midi ?
Ça ne l'intéresse pas.	Pouvez-vous dans ce cas me dire qui est concerne par ce sujet dans votre entreprise ?
Nous avons déjà nos fournisseurs ; nous sommes satisfaits de nos fournisseurs.	Bien sûr, mais vous conviendrez qu'il est toujours utile de s'informer…
Je n'ai besoin de rien ; j'ai déjà du stock…	Je comprends que vous n'êtes pas acheteur actuellement ; pouvez-vous me préciser à quel moment vous prévoyez vos prochains achats pour que nous puissions établir un contact utile ?
Je n'ai pas le temps, ce n'est pas le moment.	Je comprends bien, et c'est pour cela que je vous téléphone pour convenir d'un rendez-vous au moment qui vous conviendra…

Toute opération de prospection téléphonique devra donner lieu à une évaluation des contacts ou rendez-vous obtenus. Ils seront quantifiés grâce par exemple aux **ratios suivants** :

Nombre de rendez-vous pris/nombre de contacts utiles	capacité à prendre des rendez-vous
Nombre de ventes/nombre de contacts utiles	capacité à conclure
Coût de l'opération/nombre de rendez-vous pris	coût d'un rendez-vous
Nombre d'appels/nombre d'heures passées	productivité du téléprospecteur

25 Le courrier adressé

Le mailing individuel représentait 75 % des envois en 2004, le mailing électronique ou e-mailing 6 %, le fax mailing 12 %, le mailing groupé ou bus mailing 6 %, le mobile mailing ou mailing par SMS 1 %.

1 Le publipostage ou mailing

Le publipostage est un courrier adressé en nombre à une cible, par voie postale. C'est un outil très utilisé par les entreprises de par ses nombreux avantages : coût réduit, rapidité, personnalisation du message. Il est néanmoins important de définir la composition du mailing :
- l'enveloppe porteuse (personnalisée et comportant une accroche) ;
- la lettre (conception avec la méthode AIDA, *cf.* fiche 34) ;
- les documents publicitaires, bons de commande ;
- les supports de réponse : coupon-réponse ;
- les « accélérateurs » : un échantillon, un cadeau, un essai gratuit…

Le coût d'un publipostage prend en compte la conception, l'impression de la lettre et des documents d'accompagnement, l'affranchissement, les remises, cadeaux ou échantillons, le coût des enveloppes T, la location d'adresses éventuellement. L'expédition peut aussi se faire par une société de routage. L'ensemble de l'opération peut être confié à un prestataire extérieur.

2 L'e-mailing

C'est l'équivalent électronique du mailing, qui consiste à prospecter et/ou fidéliser une cible, via l'émission groupée et automatique de courriels (e-mails). Le cadre juridique est particulier : *opt-in* (il faut désormais recueillir le consentement préalable des personnes concernées pour pouvoir leur adresser un message) et *opt-out* (il est toléré seulement pour la prospection en B to B, à condition de laisser à l'entreprise démarchée le droit de s'y opposer).

3 Fax mailing, bus mailing et SMS mailing

Le **fax mailing** est une technique de commercialisation et d'information rapide consistant à adresser par fax une proposition personnalisée à un client potentiel ou un client actif. Cette méthode se prête bien à des produits à prix unitaire peu élevé (exemple : matériel du bureau, consommables…), en B to B.
Le **bus mailing** consiste à réunir, dans un même envoi, les offres de plusieurs annonceurs. Les destinataires intéressés renvoient un coupon-réponse afin d'obtenir des informations sur les produits sélectionnés. Le plus souvent, le bus mailing est un petit paquet de cartes emballées sous un film transparent, mais il peut également se présenter sous forme de chéquier ou de catalogue.
Le **SMS mailing** s'appuie sur des techniques marketing utilisant comme support le téléphone mobile du client potentiel. La communication passe par l'envoi d'un SMS (Short Message Système) ou d'un MMS (Multimédia Message Système). Cette technique est pour l'instant réservée à une campagne B to C.

en pratique

Extrait de *Action commerciale*, n° 255, septembre 2005 : « *Il y a vingt ans, les gourous du marketing direct annonçaient la mort des forces de vente. Qu'en est-il, aujourd'hui, de ce match MD/commerciaux ? Mailings et télémarketing auront-ils raison du travail de fourmi réalisé sur le terrain par les vendeurs nomades ?* Jamais le marketing direct (MD) ne s'est aussi bien porté. Selon l'Union française du marketing direct, le montant total des dépenses dans ce domaine s'est élevé, en 2004, à 11 milliards d'euros, en hausse de 4,5 % par rapport à 2003. Mailing, e-mailing, télémarketing, imprimés sans adresse et maintenant SMS… Confortée par l'essor des nouvelles technologies, la panoplie des solutions de conquête et de fidélisation des clients ne cesse de s'étendre. Mieux : ces outils sont devenus d'authentiques canaux de vente, qui permettent aux entreprises de "faire du chiffre" sans intervention d'un seul commercial terrain. »

Les 5 règles d'or pour une opération de marketing direct réussie…

1) Identifiez et définissez la cible avec précision…

2) Réalisez un message clair qui explique le bénéfice produit en quelques mots simples.

3) Ne pas tout dire sur votre offre… Donnez au prospect l'envie d'en savoir plus !

4) Simplifiez et multipliez les modes de demandes d'informations.

5) Veillez à répondre aux demandes formulées dans un délai très court… la réactivité de votre force de vente est essentielle dans le suivi et la transformation des demandes générées !

Les erreurs à éviter…

Attention à la mauvaise personnalisation des messages… Ne pas produire un message trop long et trop compliqué ou non spécifique au produit, à la fausse promesse !

Évitez aussi le manque de coordination entre le marketing et les équipes commerciales ; toutes les équipes concernées doivent adhérer à l'opération de marketing direct.

Etam fidélise ses consommateurs par SMS

L'opération, qui s'est déroulée en deux temps, était exclusivement proposée à 110 000 porteuses de la carte de fidélité qui avaient confié leur numéro pour recevoir des offres de l'enseigne par SMS.

La relance SMS a permis d'augmenter de 9 % le CA généré par mailing papier, indique Amélie David, responsable marketing direct d'Etam.

Source : *Marketing Direct On Line* – 7 juin 2005.

26 Le couponing et l'imprimé sans adresse

À ne pas confondre avec les coupons de réduction que l'on propose aux caisses des supermarchés, le couponing marketing direct désigne une action de communication par voie de presse, radio ou télévision.

1 Le couponing ou couponnage

L'objectif est de faire remonter des demandes d'information de la part du lecteur, de l'auditeur ou du téléspectateur, en vue de constituer un fichier. Il s'agit d'un espace publicitaire avec coupon-réponse pour la presse, ou d'un spot radio ou TV se terminant par un numéro vert, incitant les prospects à laisser leurs coordonnées pour recevoir davantage d'informations sur une offre.

Le **coût** du couponing est étroitement lié aux tarifs publicitaires pratiqués par le média utilisé. De quelques centaines d'euros pour une publication professionnelle à faible tirage, à plusieurs dizaines de milliers d'euros pour un spot TV de trente secondes. Une entreprise locale peut tout aussi bien utiliser les journaux gratuits.

La **réglementation** impose que tout coupon-réponse doit avertir le prospect qu'il dispose d'un droit d'accès et de rectifications aux données le concernant (loi informatique et libertés du 6 janvier 1978), dès qu'il a pour objectif de constituer un fichier informatisé.

2 L'imprimé sans adresse (ISA) ou publication non adressée (PNA)

Aussi appelé prospectus ou tract, l'ISA est un document publicitaire distribué en boîte aux lettres par le facteur ou un autre prestataire. L'objectif est d'attirer le consommateur lors d'une ouverture de magasin, du lancement d'un nouveau produit, d'une promotion, d'une journée « Portes ouvertes », de soldes. L'utilisation d'un ISA dans le cadre du bac vente peut s'envisager dans le cas de concessions automobiles, entreprises de rénovation de l'habitat, points de vente de cheminées, cuisines…

La **distribution** : le géomarketing met la cartographie au service du marketing. Des logiciels spécialisés sont capables de visualiser et d'analyser les données sur les clients, prospects, commerciaux, concurrents, distributeurs, etc. L'entreprise peut ensuite choisir les quartiers les plus porteurs en fonction de ses propres critères.

L'**opposition** : c'est la possibilité de refuser de recevoir des sollicitations commerciales. Le client peut s'inscrire sur la liste **Robinson e-mail** pour ne plus recevoir de publicités par mail, mais aussi **Robinson SMS**, **Robinson phone** pour ne plus recevoir d'offres publicitaires par téléphone, et enfin **Robinson mail** pour ne plus recevoir de publicités par courrier.

L'imprimé sans adresse, un support de communication apprécié des Français

Une étude réalisée en septembre 2004 par TNS-Sofres sur un échantillon représentatif de 1 000 personnes nous permet d'appréhender au mieux le comportement des Français face aux imprimés publicitaires sans adresse, ISA ou autres PNA (publicité non adressée).

91 % des Français confirment recevoir de la publicité sans adresse en boîte à lettres.

L'ISA, un support de communication apprécié des Français

3 % des Français ont exprimé leur refus de recevoir de la publicité non adressée en apposant un autocollant « stop pub » sur leur boîte à lettres.

69 % des lecteurs pensent que les catalogues et prospectus leur permettent d'être mieux informés : ils sont d'ailleurs conservés respectivement pour 52 % et 37 %.

57 % des lecteurs pensent que la publicité non adressée favorise la concurrence entre les grandes surfaces et limite la hausse des prix.

Source : Adrexo, TNS Sofres, octobre 2005.

LES PRESTATAIRES

Les chiffres Adrexo
236 centres de distribution.
24 millions de BAL recensées et qualifiées.
7,5 milliards de documents non adressés et **25** millions de documents adressés distribués en 2004.
194,2 millions d'euros de CA en 2004.
1 096 collaborateurs.
25458 distributeurs salariés (moyenne mensuelle 2004).

MEDIAPOST
le 1er média de la proximité

Sélectionnez les meilleures boîtes aux lettres.
Mediapost possède la base de données la plus riche du marché et l'unité de ciblage la plus fine, avec au total 26 millions de boîtes aux lettres recensées et un découpage en 54 000 quartiers de 475 foyers en moyenne.

27 Les manifestations commerciales (I)

Les manifestations commerciales peuvent être très diverses : il peut s'agir de journées « Portes ouvertes » comme de présence sur un salon, une foire, une exposition, une galerie marchande. Ces manifestations constituent une excellente occasion pour l'entreprise de se constituer un fichier de prospects.

1 Les salons, foires, expos

Une entreprise doit avant toute participation à un salon ou une foire bien définir ses objectifs et bien choisir son salon. Il faut vérifier que le salon envisagé corresponde bien à la cible visée par l'entreprise. Il existe principalement deux types de salons qui sont les salons professionnels et les salons grand public :
– les salons professionnels de biens de consommation : les exposants sont les fabricants, les cibles sont les revendeurs ;
– les salons professionnels de biens d'équipement : les exposants sont les fabricants, les cibles sont les acheteurs, les directeurs techniques…
– les salons professionnels thématiques (Batimat pour le bâtiment, Serbotel pour l'hôtellerie restauration…) ;
– les salons grand public généralistes (exemple : Foire Internationale de Nantes) ou spécialisés (exemples : Salon de l'Auto, Salon du mariage, du tourisme…) ;
– les foires locales ou régionales, avec des offres de proximité.

Organisation : avant
- Réserver l'emplacement.
- Prévoir l'aménagement du stand, sa décoration, les documents.
- Prévoir la logistique : déplacements, transport, hébergement, restauration.
- Lister et inviter les clients et prospects, les partenaires.
- Former le personnel présent sur le stand.

Pendant
- Accueillir, informer la clientèle et prendre des contacts qualifiés.
- Animer le stand : démonstrations de produits, diffusion d'un film…

Après
- Envoyer les courriers de remerciements.
- Faire les relances : trois semaines au maximum pour recontacter tous les prospects, avant qu'ils n'oublient l'entreprise.
- Faire le bilan : point forts, points faibles, bilan financier (évaluer la rentabilité : comparer les dépenses faites avec la marge dégagée grâce aux affaires conclues pendant ou après le salon)

Cinq astuces pour attirer les visiteurs sur son stand

Un salon est un investissement important, qu'il faut rentabiliser en drainant un trafic qualifié de visiteurs. Pour y parvenir, une préparation en amont s'impose.

1 - Communiquer avant le salon : l'objectif de l'exposant est de créer du trafic qualifié sur son stand, en invitant ses propres clients, prospects et partenaires.

2 - Réserver le bon emplacement : un stand sur un salon, c'est comme une boutique dans un centre-ville : de son emplacement dépend sa visibilité...

3 - Prévoir des animations tout au long du salon : un stand doit être vivant, et il faut réussir à créer des événements tout au long de la tenue du salon tels que la diffusion d'un film, présentation de produits par des hôtesses...

4 - Sponsoriser des événements pour y associer son nom : en B to B, un salon est l'occasion de véritables échanges professionnels, et les organisateurs prévoient, la plupart du temps, des rencontres, des conférences et des débats.

5 - Créer un jeu-concours : « Le jeu-concours est une astuce qui fonctionne toujours très bien », assure Laurent Rignault (Select Marketing). Le bénéfice ? « Il est double : on attire des visiteurs qui ne se seraient pas forcément arrêtés sur le stand et les informations récoltées sur les bulletins de participation viennent enrichir un fichier de prospects qui sera exploité par les commerciaux, après la manifestation. » « Nous estimons, explique-t-on chez Select Marketing, que le jeu-concours permet de doubler la fréquentation d'un stand. »

Source : *Action commerciale*, n° 242, juin 2004.

Coût d'un salon

L'entreprise DUCIMENT, basée à Vannes, vend des produits pour le bâtiment et souhaite participer au salon Artibat à Nantes début décembre. Elle souhaite évaluer le coût d'une telle manifestation. Vous disposez des éléments suivants :

Durée du salon	3 jours		
Nombre de nuits (arrivée la veille)	3 nuits		
Nombre de commerciaux présents	2		
Nombre d'ouvriers (arrivée la veille du salon et présence sur les trois jours)	1		
Coût du stand	12 m^2 à 107 € TTC/m^2	12 × 107	1 284 €
Frais de matériel et déplacement	500 €		500 €
Transport des commerciaux	200 km A/R à 2 €/km	200 × 2	400 €
Frais d'hôtel (3 nuits pour 3 personnes)	54 € soirée étape (repas, nuit, pdj)	54 × 3 × 3	486 €
Restauration du midi (forfait)	15 € par personne	15 × 3 × 3	135 €
TOTAUX			2 805 €

Quel est le CA TTC minimal que l'entreprise doit réaliser sachant qu'elle dégage un taux de marque de 25 % en moyenne ? CA = 2 805/0,25 = 11 220 € de CA TTC.

27 Les manifestations commerciales (II)

2 Les journées « Portes ouvertes »

Les occasions pour une journée portes ouvertes peuvent être l'anniversaire de l'entreprise, l'inauguration de nouveaux locaux, un déménagement ou agrandissement, le lancement d'un nouveau produit, ou la volonté de développer la notoriété et promouvoir l'image de l'entreprise.
Les publics sont les clients de l'entreprise, les prospects de la zone de chalandise, les revendeurs, les prescripteurs, les partenaires divers de l'entreprise, le personnel de l'entreprise, journalistes, étudiants, lycéens, professeurs...

Organisation

Avant :

– définir l'objectif des journées portes ouvertes, la date, le budget;
– prévoir le matériel de démonstration, l'aménagement des locaux... ;
– prévoir la communication :
  • Auprès des clients : invitation avec coupon-réponse, relance ;
  • Auprès des prospects : conception d'un imprimé sans adresse et diffusion sur la zone de chalandise. Presse quotidienne, gratuits...
– organiser l'accueil : information et formation de tout le personnel, buffet...
– prévoir une animation : jeu-concours par exemple (pour créer un fichier) ;
– préparer tout le matériel et les documents nécessaires pour l'opération.

Pendant :

– accueillir chaque visiteur en vérifiant ses attentes ; prendre ses coordonnées ; proposer à chacun une collation ; leur faire signer le livre d'or ;
– procéder aux visites et/ou démonstrations prévues ;
– assurer une présence permanente ;
– procéder au tirage au sort du jeu-concours s'il en était prévu un ;
– si possible, laisser à chaque visiteur une trace de son passage (cadeau souvenir, document personnalisé...).

Après :

– assurer le suivi de l'opération : remerciements, relances ;
– établir le bilan de l'opération, bilan qualitatif et quantitatif ; bilan financier.

Coût d'une opération « Portes ouvertes » en intégrant les éléments suivants : La communication (invitations aux clients voir fiche 25 sur le mailing, communication externe à l'intention des prospects : affichage, ISA, presse...), les relances téléphoniques auprès des clients, le buffet, animations éventuelles (cadeaux), l'aménagement des locaux de l'entreprise, le coût horaire des salariés impliqués dans l'opération.

La société Fac Similé Canon organise régulièrement des Journées « Portes ouvertes » pour la présentation de ses nouveaux produits. Ces journées ont lieu par secteur géographique car Fac Similé Canon dispose de trois agences (Nantes St Herblain – Saint Nazaire – La Roche Sur Yon).
Les invitations se font par mailing avec coupon-réponse à l'ensemble des clients. Ce mailing est précédé d'un phoning pour connaître les intentions des décideurs par rapport à leur venue à l'exposition.
L'entretien type au téléphone se déroule de la façon suivante :

- Salutations, présentation personnelle et de l'entreprise
- « Je vous appelle car la société Fac Similé Canon vous invite à une exposition sur Saint Nazaire. A qui dois-je m'adresser, SVP ? » (responsable achats, informatique, directeur)
- « Bonjour, Présentations, Fac Similé Canon vous invite à une exposition sur les nouvelles solutions d'impressions couleurs et noir et blanc Canon le 20 novembre à l'Imprimerie La Clonerie à Saint Nazaire. Pouvons-nous compter sur votre présence ? »
- Si non : « je vous propose qu'un conseiller Canon prenne contact avec vous prochainement ; avez-vous un projet à court ou moyen terme ?»
- Si oui : parler de l'envoi de l'invitation ; confirmer nom, coordonnées. Reformuler, saluer, prendre congé.

Le phoning était suivi du courrier ci-dessous : (A4 recto verso, plié en 3), avec coupon réponse.

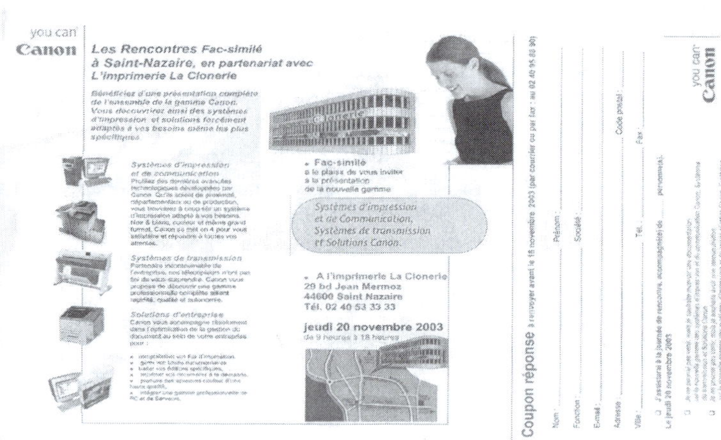

28 La prospection directe

La prospection directe, appelée aussi prospection terrain, prospection physique ou prospection sauvage, consiste à aller démarcher sans prise de rendez-vous préalable les prospects sur une zone géographique donnée.

1 Les objectifs

L'objectif peut être la prise de rendez-vous ou l'obtention d'une entrevue avec un décideur, pour présenter son entreprise, ses produits et réaliser éventuellement un début de découverte.

La prospection directe ne peut pas se justifier dans tout type d'entreprise : il est par exemple exclu de pouvoir faire de la prospection terrain pour des produits à forte valeur ajoutée, nécessitant des processus de prise de décision de plusieurs mois. La prospection terrain est plus adaptée dans le cas de produits plus basiques (exemples : surgelés, abonnements, cartes commerciales...), et surtout auprès d'une clientèle très dense sur une zone géographique donnée (exemples : les particuliers, les commerçants, les entreprises sur une zone industrielle), ceci afin de concentrer les déplacements.

2 La prospection directe en B to B ou B to C

• La prospection directe en **B to C** (Business to Consumer : de l'entreprise au consommateur final) : elle se fait en zone résidentielle, dans les immeubles ; le choix des zones géographiques doit se faire en fonction des critères de sélection de la cible (exemple : pour une société diffusant des produits alimentaires biologiques à domicile, la cible est constituée des catégories socioprofessionnelles plutôt aisées et le choix des zones à prospecter se fait donc en fonction du type d'habitat : maisons individuelles, dans des quartiers résidentiels.)

• La prospection directe en zone industrielle **B to B** (Business to Business, c'est-à-dire d'entreprise à entreprise) : le ciblage doit se faire en fonction de l'adéquation entre le produit vendu et le besoin supposé de l'entreprise à prospecter. Le prospecteur va souvent se heurter au barrage de la secrétaire. Son objectif va être de faire comprendre très rapidement l'intérêt de découvrir ses produits ou services. Le commercial entre alors dans les différentes phases d'un entretien de vente : découverte, argumentaire, traitement des objections, prise de rendez-vous, prise de congé.

Enfin le traitement des contacts doit absolument se faire en remplissant les fiches prospects, et en programmant les relances éventuelles, si possible à l'aide d'un logiciel de gestion des contacts.

pratique

…o % du temps des vendeurs !
…ulting, construite à partir de 1 400 … sept pays, dont la France, mon… …mercial est consacré à la **vente** … déplacer (**30 %** du temps), … à résoudre des problèmes …ps… et la **prospection,** elle

…, n° 217, novembre 2003.

… téléphonique, … reviennent. … préfèrent … l'évolu-

…04.

Vrai ☺	Faux ☹

…use

…mercial.
…al.

… mêmes

…nées des clients.
…r un fichier

…ts.

… bonne préparation.
…espect, opiniâtreté,

…rdv permet d'évaluer
…téléphone.
…ctions est inutile,
…phone.

TEST n° 3

La prospection

Pour répondre à ce test, cochez ☺ (vrai) ou ☹ (faux)

1. **Les stratégies de prospection**
   a) Vendre un nouveau produit à la clientèle actuelle peut être considéré comme de la prospection.
   b) Un ancien client peut être considéré comme un prospect.
   c) Un non-consommateur absolu est susceptible de consommer les produits de l'entreprise si certains freins sont levés.
   d) Un prospect chaud est un prospect qui a accepté de passer une commande.
   e) Le ciblage fait partie des étapes d'un projet de prospection ?

2. **Les techniques de prospection**
   a) Le fax mailing s'adresse principalement à une cible de particuliers.
   b) Le parrainage est une technique de prospection peu coûte pour l'entreprise.
   c) Le bus mailing peut s'envisager entre entreprises ayant des cibles différentes.

3. **Le choix d'une cible**
   a) La segmentation ne peut pas se faire à l'échelle du com
   b) La situation de famille est un critère comportement
   c) Les valeurs ne peuvent pas faire partie des critères de segmentation.
   d) La stratégie de mercatique concentrée correspond à une image de spécialiste.
   e) Particuliers et professionnels correspondent aux critères de segmentation.

4. **La constitution du fichier**
   a) Un fichier est toujours composé des coordonn
   b) La déclaration à la CNIL est obligatoire pou manuel.
   c) La location ou achat de fichiers sont interd

5. **La prospection téléphonique**
   a) La prospection téléphonique nécessite une
   b) La méthode CROC signifie courtoisie, r conviction.
   c) Le ratio nombre de ventes/nombre de la prise de contact du commercial au
   d) La préparation des réponses aux obje l'improvisation est préférable au télé

	Vrai ☺	Faux ☹
6. Le courrier adressé		
a) Le mailing ne s'adresse qu'à une cible de particuliers.	☐	☐
b) Le coût d'un mailing est sensiblement équivalent à celui du fax mailing.	☐	☐
c) La loi Informatiques et libertés est complétée depuis 2004 par une loi concernant la publicité par voie électronique.	☐	☐
7. Le couponing – l'imprimé sans adresse		
a) Le couponing a pour objectif de récupérer des adresses de prospects.	☐	☐
b) Il doit développer un maximum d'arguments sur le produit.	☐	☐
c) L'imprimé sans adresse peut être distribué par le facteur.	☐	☐
8. Les manifestations commerciales		
a) Les journées « Portes ouvertes » peuvent être une opération de prospection.	☐	☐
b) L'organisation d'un jeu-concours lors d'un salon professionnel peut être un élément attractif et utile pour votre entreprise.	☐	☐
c) Les plus mauvais emplacements sur un salon sont les angles.	☐	☐
9. La prospection directe		
a) La prospection directe se justifie très bien pour la vente de produits complexes, à forte valeur ajoutée.	☐	☐
b) Les ratios de concrétisation sont en général très bons en prospection directe.	☐	☐
c) La prospection physique ne peut se faire qu'auprès d'une cible de particuliers.	☐	☐

29 Les principes généraux de la communication

C'est une notion vaste et difficile à définir mais on peut au moins dire qu'il s'agit avant tout d'un échange entre individus (échanges d'informations, d'instructions, de points de vue, d'émotions...).

1 Le schéma global de communication

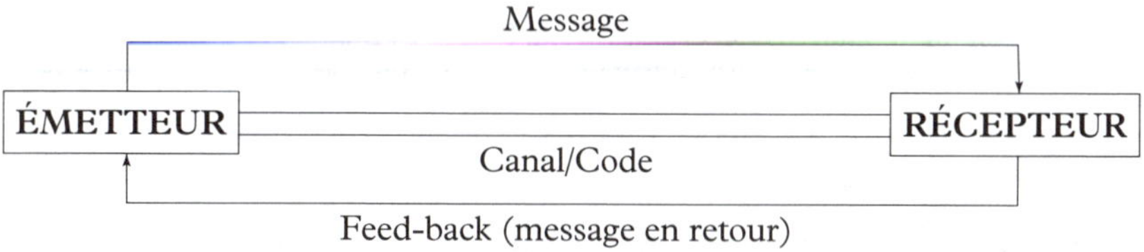

Éléments	Définition
Le message	Il s'agit de l'information à transmettre.
Le canal	C'est le moyen par lequel l'information est transmise (écrit, oral, audiovisuel...).
Le code	Ce sont les signes utilisés pour transposer le message mental (mots, gestes, langage utilisé par l'émetteur selon son vécu, ses références).
Le feed-back	C'est la communication en retour du récepteur vers l'interlocuteur qui renseigne sur la façon dont il a pris en compte le message.

2 Les difficultés de communication

1. Notion de déperdition du message

Entre le message mental initial et le feed-back, le message est soumis à de nombreuses altérations (décalage entre la pensée et la mise en ordre des idées, difficultés d'expression, manque d'écoute ou bruits parasites, interprétation du code, filtres personnels...).

2. Notion de perception

Nous n'avons pas tous le même mode de fonctionnement, les mêmes codes. Chacun a une perception propre de la réalité, sa réalité. Vieux, jeune, tard, loin n'ont pas le même sens pour chacun ; il est donc nécessaire de faire préciser le plus d'informations possibles.

L'émetteur doit être humble et compréhensif : il est naturel que le message ne passe pas intégralement comme il l'aurait souhaité. Le malentendu est souvent à l'origine des difficultés de communication et dans un malentendu chacun peut être sincère : l'admettre participe à la compréhension de l'autre.

1 - Identifier les difficultés de communication

À partir des situations ci-après, déterminez l'origine du problème.

Situation n° 1 :

Vous participez à une réunion de l'équipe de vente à propos de l'organisation d'une journée « Portes ouvertes ». Un de vos collègues prend la parole et exprime son idée. Sa proposition, préparée et structurée ne tient pas compte de la note de service que votre chef des ventes vous avait adressée en début de semaine.

Problème : ici le problème de communication vient du récepteur qui était concentré sur son idée et n'a pas lu le message émanant du chef des ventes.

Situation n° 2 :

Vous avez préparé une intervention auprès d'une assemblée de clients potentiels pour présenter un nouveau concept de produits. Vous commencez votre présentation et vous êtes plutôt content de vous, quand vous apercevez une personne dans la salle qui semble ricaner avec son voisin. L'espace d'un instant vous ne savez plus quoi dire, c'est le grand blanc.

Problème : votre problème vient du feed-back qui vous renvoie une impression négative et vous fait perdre confiance.

Situation n° 3 :

Vous discutez avec un client :

Vous : « Vous comprenez, ce système de galandage est extrêmement performant et d'ailleurs nous sommes certifés ISO 9001. »

Le client (l'air perplexe) : « Vous avez l'air content de vous mais je ne comprends rien à votre charabia. »

Problème : le problème de communication vient du fait que vous utilisez un code que le client ne connaît pas.

2 - Faire clarifier le propos

Vous commercialisez du matériel de bureautique et cherchez à connaître la situation de votre client. Quelles questions devez-vous poser ?

Client	Vos questions
J'ai besoin d'un copieur rapidement et surtout je veux des délais d'intervention très courts en cas de panne.	Pour quand en avez-vous besoin ? Qu'entendez-vous par délais très courts ?
Je veux qu'il soit relié aux postes informatiques de tous les conseillers de clientèle mais qu'il ne me coûte pas une fortune.	Combien de postes cela représente-t-il ? Quelle fourchette de prix vous êtes-vous fixée ?

30 La communication orale, interpersonnelle et de groupe

Il s'agit ici d'étudier les situations rencontrées le plus souvent par le commercial.

1 Les situations de communication

Situations de communication orale interpersonnelle	– entretien face-à-face dans un bureau ; – entretien au téléphone ; – accueil d'un client sur un stand, show room, concession.
Situations de communication orale de groupe	– réunion ; – conférence.

2 Les variables de la communication

La communication passe par l'adaptation permanente à autrui en fonction des attitudes sociales (codes sociaux, valeurs, règles de savoir-vivre…), des attitudes individuelles (comportement verbal et non verbal, territoire…), de la situation (interpersonnelle, de groupe), du lieu (bureau, salle de conférence, salon professionnel…).

Variables	Éléments d'adaptation
Verbales	– vocabulaire : registre de langage ; – ton et volume de la voix ; – rythme et débit.
Non verbales	– tenue vestimentaire ; – posture ; – gestuelle ; – distance-gestion de l'espace.

3 Attitudes et techniques favorisant la communication

Motivation	Avoir envie de communiquer, le montrer. Faire preuve de conviction.
Congruence	Avoir un discours et une attitude non verbale en phase. Être soi-même.
Ouverture	Avoir une attitude ouverte favorisant la communication. Climat de confiance.
Respect	Avoir de la considération pour son interlocuteur, lui accorder un intérêt sincère.
Écoute active	Pratiquer l'empathie, observer son interlocuteur, le comprendre, reformuler.
Adaptation	Adapter le verbal et le non verbal, utiliser la PNL (*cf.* fiche 31), l'analyse transactionnelle (*cf.* fiche 32).

en pratique

1 - Préparer les situations de communication

Pour bien se préparer à une situation de communication, il faut déterminer les objectifs, problématiques et contraintes liées aux différentes situations.

Situation	Objectif	Problématique	Contrainte
Entretien face-à-face (vente/recrutement). Interlocuteur : client, prospect, recruteur.	Vendre, obtenir un second rendez-vous, obtenir un emploi.	Comment convaincre que notre proposition est la mieux adaptée ?	Situation concurrentielle.
Entretien téléphonique. Interlocuteur : client, prospect.	Obtenir un rendez-vous, une commande.	Comment intéresser notre interlocuteur ?	Situation concurrentielle. Pas de contact visuel. Contrainte de temps.
Accueil sur salon. Interlocuteur : client, prospect.	Informer, prendre des contacts.	Comment obtenir l'intérêt et le maintenir ?	Situation concurrentielle. Foule, bruit. Pics de fréquentation.
Intervention en réunion ou conférence. Interlocuteurs : clients, collaborateurs.	Faire passer un message, convaincre.	Comment convaincre l'ensemble des auditeurs.	Discours non individualisé. Retour plus difficile.

2 - S'adapter aux situations de communication

Situation	Adaptation
Entretien face-à-face (vente/recrutement). Interlocuteur : client prospect, recruteur.	Connaissance du marché et des concurrents ; informations sur l'interlocuteur ; constitution d'un argumentaire ; repérage des points forts.
Entretien téléphonique. Interlocuteur : client, prospect.	Connaissance du marché et des concurrents ; préparation d'une trame ; choix des mots-clés.
Accueil sur salon. Interlocuteur : client, prospect.	Connaissance du marché et des concurrents ; attitude ouverte, phrase d'accroche ; sélection des arguments. Prise en compte des nouveaux venus par un signe, un sourire un geste.
Intervention en réunion ou conférence. Interlocuteurs : clients, collaborateurs.	Préparation de l'intervention, structure, gestion du temps. Choix des arguments susceptibles de toucher le plus grand nombre. Supports variés.

31 La programmation neuro-linguistique (PNL)

Nous la devons à deux chercheurs américains Richard Bandler et John Gridler qui, en 1972, avaient pour thème de recherche l'excellence dans la communication.

1 La notion de PNL

Il s'agit d'un mode de compréhension des réalités psychologiques observables dans le comportement.

Programmation	Référence au cerveau humain qui crée des programmes comportementaux.
Neuro	Référence à nos perceptions sensorielles traitées par le système nerveux interne.
Linguistique	Référence au comportement verbal et non verbal, reflet de notre état interne.

2 Les systèmes de représentation sensorielle (SRS)

La PNL définit trois principaux SRS. Nous sommes assaillis de messages s'adressant à nos sens mais nous privilégions l'un d'entre eux.

SRS visuel	Représentation de la réalité sous forme d'images. Exemple : lorsqu'on me dit « pompier », je vois le camion rouge.
SRS auditif	Représentation de la réalité sous forme de sons. Exemple : Lorsqu'on me dit « pompier », j'entends la sirène.
SRS kinesthésique	Représentation de la réalité sous forme d'émotions ou de sensations tactiles, gustatives, olfactives. Exemple : lorsqu'on me dit « pompier », je ressens la peur du drame, je sens l'odeur du feu.

3 L'adaptation à l'interlocuteur : calibrage et synchronisation

Pour s'adapter à son interlocuteur, le vendeur doit observer différents éléments et découvrir le système de représentation sensoriel qu'il privilégie.

Éléments à observer	Phase de calibrage
Éléments verbaux	Ton, rythme et volume de la voix, vocabulaire utilisé (prédicats).
Éléments non verbaux	Postures, gestes, clés oculaires, distance entre les interlocuteurs.

Éléments d'adaptation	Synchronisation
Éléments verbaux	Utiliser le vocabulaire du registre privilégié par l'interlocuteur, adapter le rythme de la voix.
Éléments non verbaux	Respecter la distance de « sécurité » de l'interlocuteur, être dans le même genre d'attitude sans le singer : ne pas envahir le client réservé, mais être décontracté si le client l'est aussi.
En entrant dans le « monde » du client tel qu'il le perçoit, le vendeur le met plus facilement en confiance. Il doit adapter son argumentation et son comportement au SRS du client	

en pratique

1 - Comprendre les clés oculaires

L'observation des mouvements involontaires des yeux informe sur le système privilégié par l'interlocuteur. Le schéma ci-dessous est valable pour 95 % des droitiers (généralement inversé chez les gauchers) – interlocuteur vu de face.

Regard vers le haut : l'interlocuteur est visuel. S'il regarde vers sa gauche, il se souvient sous forme d'images ; vers sa droite, il crée des images.
Regard latéral : l'interlocuteur est auditif. S'il regarde vers sa gauche, il se souvient sous forme de sons ; vers sa droite, il crée des sons.
Regard vers le bas : à sa droite, l'interlocuteur est kinesthésique et fait attention à ses sensations, à ses émotions ; à sa gauche : l'interlocuteur se situe dans le domaine du dialogue interne (réflexion personnelle).

2 - Repérer le comportement selon le SRS privilégié

Vous commercialisez des bureaux sur mesure auprès d'une clientèle professionnelle. Vous vous trouvez face à 3 clients différents et devez identifier le SRS.
Visuel : posture un peu raide, gestes plutôt dirigés vers le haut, mots visuels, voix aiguë, rythme rapide, regard vers le haut.
Auditif : voix modulée, rythme moyen, posture plus décontractée, mots auditifs, regard latéral ou vers le bas à gauche.
Kinesthésique : posture très décontractée, gestes d'appui au langage, respiration profonde, voix plutôt grave, rythme lent, mot faisant références aux sensations.

Attitude client	SRS privilégié	Adaptation du vendeur
« Voyez-vous, je n'aime pas le mobilier tape-à-l'œil. »	visuel	« Je vois ce que vous voulez dire. Regardons ensemble les lignes de produits, cette ligne-là est sobre… »
« J'ai entendu dire que vos produits sont plutôt chers. »	auditif	« Qu'entendez-vous par cher ? Nos prix répondent à un niveau de qualité qui parle de lui-même. »
« Le plan de travail est-il robuste ? »	kinesthésique	« Le bois est traité pour résister aux chocs. Prenez cet échantillon en mains et testez vous-même. »

32 L'analyse transactionnelle

C'est un outil de communication interpersonnelle qui a été mis au point par Éric Berne à San Francisco. Il est basé sur l'analyse des échanges ou transactions dans les relations humaines.

1 Les différents états du Moi

L'analyse transactionnelle met en évidence, dans la personnalité, trois états du Moi et permet en les identifiant d'améliorer la communication avec autrui. Les différents états coexistent chez un individu quel que soit son âge et peuvent s'exprimer et varier selon les situations et les interlocuteurs.

Domaine		
Appris	P	**Parent** • Nourricier : paternaliste, il protège, conseille, réconforte. • Normatif : moralisateur, il juge, énonce des règles, des droits, des devoirs.
Pensé	A	**Adulte** • Il analyse, raisonne, est neutre et objectif.
Ressenti	E	**Enfant** • Adapté soumis : se plie aux convenances et à l'autorité. Manque d'autonomie. • Adapté rebelle : refuse les normes, conteste et provoque. • Spontané : impulsif, naturel, il ignore les normes. • Créatif : intuitif, observateur, inventif.

2 Les types de transactions

En adoptant un état du Moi, on sollicite un état chez notre interlocuteur. Selon la réponse, la transaction change de nature.

Transaction parallèle	L'état du Moi qui répond est celui qui a été sollicité par l'émetteur. Question : « Quelle heure est-il ? » Réponse : « Il est 16 h 30. » A/A
Transaction croisée	L'état du Moi qui répond n'est pas celui qui a été sollicité. Question : « Quelle heure est-il ? » Réponse : « Je m'en fiche. » A/E
Transaction cachée	La transaction se passe sur deux niveaux : le dit et le « non-dit ». Ici la communication se joue au niveau du non-dit qui pilote.

3 Les strokes

Ce sont des attentions envers les autres : un mot, un geste, un regard qui permettent d'exister par rapport à l'autre.

Inconditionnel positif	L'émetteur est toujours positif envers son interlocuteur : « J'adore travailler avec vous. »
Conditionnel positif	Remarque positive sur un point particulier : « Tu as fait un très bon oral, félicitations. »
Inconditionnel négatif	L'émetteur est toujours dévalorisant envers son interlocuteur : « T'es vraiment nul ! ».
Conditionnel négatif	Remarque négative sur un point particulier : « Cette intervention a manqué de structure. »

Les strokes sont utiles et constructifs sauf lorsqu'il s'agit d'inconditionnels négatifs à bannir !

4 Repérer l'état du Moi

- Si on essayait ce nouveau modèle, ce serait super ! Enfant créatif.
- Je n'admets pas que vos tarifs ne soient pas imprimés. Parent normatif.
- Je suis désolé, je vais recommencer mon devis. Enfant soumis.
- C'est un client difficile mais je t'aiderai, aies confiance. Parent nourricier
- Youppie ! j'ai signé le contrat ! Enfant spontané
- J'ai signé le contrat « Guinard » ce matin. Adulte
- Je ne vois pas pourquoi je ferais des rapports d'activité. Enfant rebelle

5 Repérer la nature des transactions

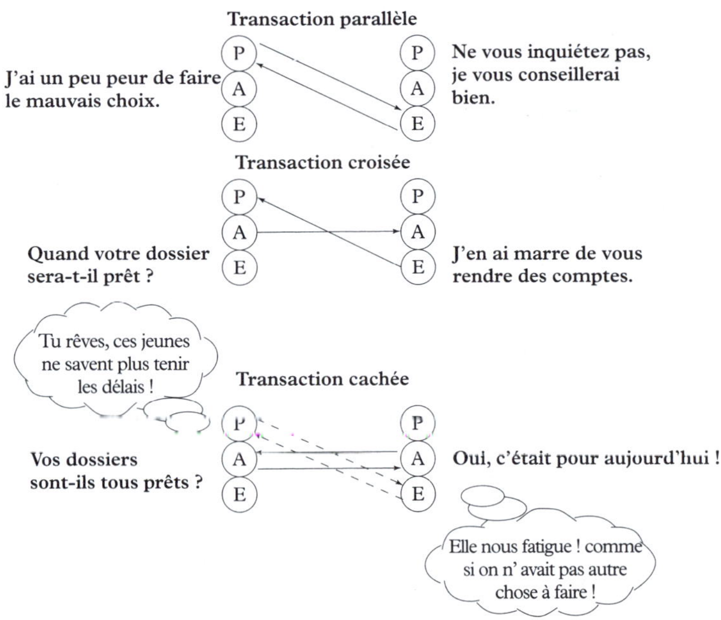

33 La communication écrite interne

Dans l'entreprise, le commercial est amené à utiliser différents types d'écrits professionnels.

1 Les écrits internes

1. La note de service et le rapport d'activité

La note de service permet de transmettre une information (note), de communiquer une directive ou une procédure (note d'instruction) à tout ou à une partie du personnel de l'entreprise. Il s'agit souvent d'une communication descendante (d'un responsable vers ses subordonnés).

Le rapport d'activité permet au commercial de faire un compte rendu de ses démarches de façon quotidienne, hebdomadaire ou mensuelle. Il permet de présenter les résultats obtenus par le commercial et de les comparer aux objectifs fixés. Le chef des ventes pourra mesurer l'efficacité du commercial en établissant des ratios.

2. Le rapport et la note de synthèse

Le rapport permet d'analyser une situation. Plus complet que la note de synthèse, il établit d'abord un diagnostic avant de proposer des solutions ou préconisations facilitant une prise de décision. Il peut être à l'initiative du vendeur qui souhaite faire remonter une information du terrain qu'il juge importante, ou répondre à une demande d'un supérieur.

La note de synthèse a pour but de résumer de manière synthétique et structurée une situation précise à partir d'un ensemble de documents. Son objectif est de faire comprendre rapidement et objectivement une situation par un écrit clair et concis.

3. Les fiches de suivi

Le commercial devra également consigner par écrit l'ensemble des informations qu'il va obtenir à l'occasion des entretiens téléphoniques ou des visites chez les clients. Il aura à sa disposition ou devra créer des fiches de suivi lui permettant de garder les informations importantes et utiles pour la poursuite de la relation commerciale. En cas d'absence du commercial, ces documents restent le lien essentiel entre l'entreprise et ses clients.

2 La transmission des écrits

Le développement de l'intranet et de l'internet facilite la diffusion de l'information en limitant le papier. Il permet à la fois de gagner du temps (transmission instantanée) et de l'argent (économie de papier, de timbre…). Toutefois, si l'e-mail devient un nouveau moyen de communiquer par écrit, il est important de garder de la rigueur dans la présentation et dans la qualité rédactionnelle (syntaxe, orthographe).

Il est également recommandé de garder les marques de courtoisie entre membres de l'entreprise. Le style trop impersonnel des e-mails (sans salutation ni marque de politesse) est reconnu comme facteur aggravant du stress en entreprise.

1- Comparer les notes de service suivantes

Note de service N° 47 **Nantes, le 15 mars 2006**

De : Direction commerciale
À : Mesdames, Messieurs les commerciaux
Objet : cadeaux publicitaires

Nous vous informons que les dotations en cadeaux publicitaires ont été établies pour chacun de vos secteurs. Ils seront à votre disposition au service communication à partir de lundi prochain

Lucie Dubois

Note de service N° 48 **Nantes, le 15 mars 2006**

De : Direction commerciale
À : Mesdames, Messieurs les commerciaux
Objet : rapport d'activité

Nous vous rappelons que les rapports mensuels d'activités doivent impérativement nous parvenir pour le 5 du mois suivant **au plus tard**. Aucun retard ne sera toléré à compter de ce mois.

Lucie Dubois

Les deux notes respectent les usages suivant : une note par sujet, numérotée pour archivage ; précision du service émetteur et des destinataires ; date d'émission et de mise en vigueur si nécessaire. La n° 47 et informative, la n° 48 est directive.

2 - Note de synthèse

Vous venez d'être embauché comme commercial dans la société Ambiance & lumières qui commercialise des lampes. Votre responsable des ventes vous remet des documents sur les tendances du marché français, les fabricants, les chiffres de consommation, les attentes, les réseaux de distribution, les segments de produits. Vous devez lui remettre une note de synthèse. Quelle forme et quelle structure allez-vous proposer ?

Note de synthèse*

De : Anne May date : le 26 août 2006
À : Responsable commercial
Objet : le marché français du luminaire
Introduction : taille du marché en volume et en valeur, tendance générale du marché, évolution.
L'offre : les segments, les fabricants, la distribution.
La demande : aspect quantitatif (consommation, taux d'équipement), aspect qualitatif (attente, critères d'achat, tendance).
Conclusion : segments porteurs, principales orientations.

* Ceci est une proposition de présentation et de structure qu'il convient de développer pour en faire une note de synthèse.

34 La communication écrite externe

Les écrits utilisés pour communiquer à l'externe sont nombreux, comme vous avez pu le voir dans la fiche 25 sur les différentes formes que prend le publipostage. Nous aborderons ici les notions de mailing et de lettre commerciale.

1 Le mailing

1. Définition et objectifs

C'est une opération par voie postale adressée à un destinataire identifié. Les objectifs peuvent être de :
- provoquer une commande ;
- susciter une réaction immédiate : demande de documentation, visite au point de vente, participation à un salon, à un concours, à un événementiel…
- informer : soutien d'une campagne publicitaire, annonce du passage d'un commercial…

2. Les conditions de réussite

Brièveté	Ne mettre que l'essentiel.
Simplicité	C'est une communication à sens unique : tout doit être très clair ; le vocabulaire doit être adapté à la cible ; il faut privilégier les phrases courtes.
Personnalisation	Faire apparaître sur le courrier le nom du destinataire. Utiliser le « vous » et valoriser le lecteur. Mettre le lecteur en situation de propriétaire. Argumenter sur les motivations pressenties de la cible.
Impact	Adopter une présentation accrocheuse. Choisir une accroche forte au début, la rappeler dans le message. Attirer par des mots : offre, cadeau, gratuit, invitation. Créer l'urgence (offre limitée dans le temps, quantité limitée).

3. La structure AIDA

A	Attirer l'Attention (accroche).
I	Éveiller l'Intérêt (présentation du produit, du service…).
D	Faire naître le Désir (une offre adaptée aux motivations).
A	Pousser à l'Action (par l'urgence, la bonne affaire à ne pas rater…).

2 La lettre commerciale

Rédigée sur papier à en-tête, elle permet de communiquer de façon conventionnelle avec les différents partenaires de l'entreprise : fournisseurs, clients, administration, partenaires financiers.
Elle comporte un objet, une date, un titre de civilité, le corps de la lettre et une formule de politesse.

en pratique

À l'occasion du lancement du Cherokee Wild Sport, Damler Chrysler France met en place une opération de mailing dont l'objectif est de faire déplacer les prospects en concession.

L'ensemble du publipostage adressé dans un format original, une boîte carrée, contient :
– un gant de cuir dont l'emballage couleur sable est estampillé « Wanted » et porte la mention « saisissez une occasion unique d'entrer dans la légende » ;
– une plaquette de présentation du véhicule jeep cherokee ;
– un coupon d'invitation à remettre au concessionnaire pour recevoir le deuxième gant de cuir et prendre en main le véhicule à l'occasion d'un essai ;
– la lettre de publipostage ci-dessous rédigée dans le respect de la structure AIDA.

Venez vous mesurer
au WILD SPORT,
le plus sauvage des CHEROKEE !

WANTED*

Madame, Monsieur,

Attention – Amateur de sensations fortes, cette nouvelle vous concerne directement. Un redoutable engin vient d'être lâché dans la nature par Jeep® : **le Cherokee Wild Sport**, édité en 200 exemplaires seulement.

Intérêt – Silhouette inimitable, agilité légendaire, vivacité impressionnante… Par nature, le Cherokee était déjà un hommage aux équipées sauvages. Avec son fameux moteur six cylindres 4.0 L logé dans une carrosserie 3 portes - une des plus légères de la catégorie - , et un habillage exclusif (intérieur/extérieur), le Cherokee Wild Sport va encore plus loin.

Désir – Pourquoi le Cherokee rassemble-t-il autant de passions ? Sans doute parce qu'il a su résister aux effets de modes et se renouveler, avec un choix de 2 carrosseries, 3 moteurs et aujourd'hui 4 niveaux de finitions : Sport, Jamboree, Limited et Wild Sport.

Action – Venez essayer le Wild Sport, nous en profiterons pour vous remettre le gant qui vous assurera une parfaite prise en main de ce véhicule d'exception. Cette opportunité est peut-être la plus belle manière d'entrer sur les terres Cherokee.

Bien cordialement

Votre concessionnaire.

P.S. : Le jour de votre visite, n'oubliez pas votre invitation personnelle.

*Recherché

35 Les situations de communication visuelle

L'apprentissage des techniques de communication interpersonnelle met en avant les différents systèmes de représentation sensorielle et montre que la communication visuelle intervient largement dans la compréhension des messages.

1 Les différents types de support

Pour appuyer son discours, le commercial a à sa disposition plusieurs types de supports et d'outils d'aide à la vente : catalogues, fiches techniques, diaporamas, affiches, transparents, vidéos, échantillons…

Il lui appartient de juger de la pertinence des supports à utiliser selon la situation de communication.

Quel que soit le support utilisé, il ne faut pas perdre de vue que le vecteur essentiel est la relation humaine. Le vendeur doit s'appuyer sur ses supports mais ne pas se cacher derrière eux.

2 Les conditions de leur mise en œuvre

Situation	Outils	Objectifs
Face-à-face client (où côte à côte si les supports sont présentés sur un ordinateur portable).	Plaquette d'entreprise, carte commerciale, site internet.	Valoriser et crédibiliser l'entreprise et le vendeur.
	Fiches techniques, échantillons produits, nuanciers, logiciels de simulation.	Favoriser la compréhension et aider le client dans son choix.
	Grilles de tarifs, graphiques, témoignages, photos de réalisations antérieures.	Apporter des preuves et crédibiliser son propos.
Animation de réunion.	Paper board, tableaux.	Impliquer spontanément le groupe et lui permettre de s'approprier les idées.
	Diaporamas, transparents…	Donner un fil conducteur, appuyer les idées force, maintenir l'attention.
	Vidéos, photos.	Animer, apporter des exemples. Créer des ruptures de rythme.
Animation d'un stand.	Affiches, panneaux, maquettes.	Attirer l'attention, recréer l'univers de l'entreprise.
	Vidéos, diaporamas en boucle	Animer, maintenir l'attractivité.
	Catalogues, brochures, cartes.	Informer, garder le contact.
Animation d'un point de vente, d'un hall d'exposition.	Signalétique, affichage, kakémono.	Faciliter l'orientation dans la salle d'exposition.
	Vidéos, démonstrations.	Favoriser la compréhension, animer.

1 - Les engagements de l'entreprise, outil d'aide à la vente

Pierre Marand est commercial chez Terres de fenêtre. Pour présenter les engagements de l'entreprise, rien de tel qu'un document écrit : il rassure et crédibilise le propos du vendeur et fixe les points-clés dans la mémoire du client.

2 - Un positionnement en image

Des images parlent mieux que les mots pour présenter le positionnement de l'entreprise Breizh Cola. Voici une image du diaporama réalisé par des élèves de terminale Bac pro du lycée Jean-Guéhenno de Vannes :
Identité régionale bretonne (avec le nom Breizh cola), sérénité et innovation.

36 Les stratégies de communication visuelle

Avant de se lancer dans la création d'un support visuel, il est primordial de réfléchir à l'objectif qui lui est assigné et d'adapter son contenu tout en respectant la charte graphique de l'entreprise.

1 La notion de charte graphique

Lorsque le commercial présente un support, il doit avoir en tête qu'il représente son entreprise. Il est donc logique que ses supports respectent l'identité de l'entreprise. Les règles de communication peuvent être consignées dans un document que l'on appelle charte graphique. On y trouve :
– les logotypes et ses déclinaisons ;
– les typographies ;
– les couleurs ;
– les règles de présentation des documents ;
– les cartes de visite, lettres.

2 La conception et l'utilisation des supports

Étapes	Élaboration des supports
Analyser la situation de communication (*cf.* fiche précédente).	Les supports seront adaptés à la situation.
Déterminer l'objectif de la communication.	Un support destiné à donner une image institutionnelle sera très différent d'un support promotionnel : l'un vise à donner une image de l'entreprise, l'autre doit avoir une efficacité commerciale immédiate.
Préparer le plan d'entretien et l'organisation des idées.	Selon le temps dont on dispose et le message à faire passer, la structure se met en place et les idées sont sélectionnées.
Sélectionner les idées à appuyer par des supports.	L'abondance de supports donne l'effet inverse de celui recherché. Trop de visuels ou des visuels inadaptés avec des effets spéciaux nuisent à la compréhension du message. On ne doit pas tout écrire.
Sélectionner les supports (voir l'existant et ce qu'il vaut mieux créer).	Se poser les bonnes questions : Qu'apporte le support ? Est-il pertinent ? Valorise-t-il le propos ? Participe-t-il à la compréhension ?
Réaliser le support.	En respectant la charte graphique de l'entreprise, les règles de présentation (*cf.* ci-contre) et en ne perdant jamais l'objectif de vue !

Utiliser ces supports nécessite de savoir se repérer dans un catalogue, de connaître la diapositive qui va suivre, de vérifier que le matériel fonctionne bien avant une intervention, de ne pas lire le support mais de l'utiliser pour appuyer et clarifier le propos, d'organiser et de ranger chaque support pour y revenir facilement à la demande.

en pratique

Quelques conseils pour l'élaboration d'un support

Lorsque nous parlons, nous sommes compris à 7 % par les mots, 38 % par le ton, 55 % par la gestuelle.

Un bon visuel doit être simple, lisible, visible, structuré et esthétique.

Le fond

remplacer	par
les détails et explications	**des mots clés**
les tableaux	**les chiffres essentiels**
les chiffres	**des courbes**
les textes et les phrases	**des schémas et des dessins**

La forme

Caractères lisibles : facile *difficile*
Ne *pas* abuser *des* différentes typographies
S'offrir de l'espace : 1/3 d'écriture, 2/3 de blanc
Mettre les éléments les plus longs vers le bas de la page

L'œil va de gauche à droite et de haut en bas, ce qui donne une direction générale suivant la diagonale descendante. Pour faciliter la lecture, il est préférable de disposer les éléments clés selon ce parcours, et notamment de placer les textes les plus longs vers le bas du visuel.

Si on ajoute une image, le regard va droit sur elle. Placée à droite, elle a une importance égale à celle du texte. Placée à gauche, elle attire le regard hors du parcours de lecture et prend de l'importance.

La symbolique des couleurs

D'après une étude réalisée à l'université du Minnesota, un document en couleurs est assimilé une fois et demie plus vite qu'un document en noir et blanc. Chacun interprète les couleurs selon son vécu et sa culture, il est donc impossible de choisir les couleurs pour plaire mais on peut en revanche le faire pour renforcer le message.

Blanc	**Pureté.** Associé au bleu, il véhicule des idées d'hygiène et de fraîcheur.
Bleu	**Calme.** Couleur de la vie. Propice à la réflexion imaginative.
Brun	**Réalisme.** Associé à la terre.
Gris	**Élégance.** Évoque le sérieux et la pérennité.
Jaune	**Jeunesse.** Tonique, gai.
Noir	**Silence.** Élégance, distinction, sérieux.
Orange	**Énergie.** Très grande visibilité.
Rouge	**Force.** Dynamise le message. Signifie aussi l'interdit.
Vert	**Repos.** Autorisation.
Violet	**Mysticisme.**

TEST n° 4

La communication

Pour répondre à ce test, cochez ☺ (vrai) ou ☹ (faux)

	Vrai ☺	Faux ☹
1. Les principes généraux de la communication		
a) L'émetteur envoie le message au récepteur.	☐	☐
b) L'émetteur envoie le message retour au récepteur.	☐	☐
c) Le code est l'ensemble des moyens de transmission.	☐	☐
d) C'est au récepteur de s'adapter à l'émetteur.	☐	☐
e) Les termes subjectifs (tard, jeune) ne sont pas perçus pareillement par tous.	☐	☐
2. La communication orale, interpersonnelle et de groupe		
a) La réunion est une communication interpersonnelle.	☐	☐
b) Un entretien au téléphone est une communication interpersonnelle.	☐	☐
c) La communication comporte des variables verbales et non verbales.	☐	☐
d) La congruence c'est le discours et le non verbal en phase.	☐	☐
e) L'empathie fait partie de l'écoute active.	☐	☐
3. La PNL		
a) Nous privilégions un système de représentation sensorielle.	☐	☐
b) Le kinesthésique privilégie les sons.	☐	☐
c) Le SRS visuel privilégie les images.	☐	☐
d) Le « visuel » adopte une posture décontractée, le regard latéral.	☐	☐
e) Les clés oculaires doivent être inversées pour les gauchers.	☐	☐
4. L'analyse transactionnelle		
a) Les états du Moi varient avec l'âge de l'individu.	☐	☐
b) Les trois états du Moi sont : parent, enfant, ami.	☐	☐
c) Parent/parent est une transaction parallèle.	☐	☐
d) Les strokes sont des attentions toujours utiles dans l'échange.	☐	☐
e) Le conditionnel positif est toujours positif envers son interlocuteur.	☐	☐
5. La communication écrite interne		
a) La note de service transmet de l'information au personnel.	☐	☐
b) La note de synthèse est utilisée par le commercial pour rendre compte de son activité.	☐	☐
c) Le rapport rend compte d'une situation et propose des solutions.	☐	☐
d) Le rapport d'activité résume de manière brève et structurée une situation pour la faire comprendre rapidement.	☐	☐
e) Les fiches de suivi laissent une trace précise des contacts du commercial.	☐	☐
f) Il faut respecter des règles de courtoisie dans les courriels.	☐	☐

	Vrai ☺	Faux ☹
6. La communication écrite externe		
a) Le publipostage est un outil de mercatique directe.	☐	☐
b) On peut personnaliser automatiquement le courrier grâce aux bases de données.	☐	☐
c) Dans AIDA les *A* signifient *activer* et *amplifier*.	☐	☐
d) Le destinataire d'un courrier figure en haut à gauche.	☐	☐
e) La lettre commerciale comporte un objet.	☐	☐
7. Les situations de communication visuelle		
a) Un diaporama convient à toutes les situations.	☐	☐
b) Les supports évitent au commercial d'argumenter.	☐	☐
c) Les supports sont des vendeurs muets sur un stand.	☐	☐
d) On n'a jamais trop de supports.	☐	☐
e) Fixer les idées sur paper board permet au groupe de mieux réfléchir.	☐	☐
8. Les stratégies de communication visuelle		
a) La charte graphique est la carte d'identité visuelle de l'entreprise.	☐	☐
b) Il faut tout écrire sur les supports.	☐	☐
c) Un support favorise la compréhension des chiffres.	☐	☐
d) Une fois les supports réalisés, il faut s'entraîner à les utiliser.	☐	☐
e) Il faut sélectionner les supports selon le public.	☐	☐

37 La gestion du stress

Le métier de commercial fait partie des dix métiers jugés les plus stressants. Le vendeur doit donc apprendre à limiter le stress et à lutter contre lui

1 Définition

Le stress est une réponse biologique de l'organisme face aux agressions et aux contraintes de l'existence. Les hormones prennent le pouvoir. Notre fonctionnement est bousculé. Il se traduit par une mise en alerte du corps, une tension générale de l'organisme.

2 Les manifestations du stress

1. Lorsque le stress est positif

Il se manifeste sous forme de mobilisation immédiate de toutes les facultés intellectuelles et émotionnelles pour se préparer à agir. C'est un moteur qui peut se révéler très efficace. Il permet d'être motivé. Nous avons besoin de stimulations physiques (envies, pulsions) et de stimulations psychologiques (défis, challenges). Certaines personnes travaillent mieux dans l'urgence car le stress les stimule.

2. Lorsque le stress est négatif

Il se manifeste par une incapacité à réagir aux stimulations. L'individu se retrouve impuissant face aux évènements. L'énergie mobilisée se retourne contre l'organisme.

Symptômes physiques	Fatigue, migraine, perte de sommeil, boulimie, ulcère, maladie
Symptômes psychologiques	Irritabilité, perte de mémoire, perte de confiance, agressivité

3 Les phases du stress

Phase d'alarme	C'est la réponse directe de l'organisme qui se manifeste par des réactions biologiques (tension, palpitations, mains moites...), des réactions psycho-émotionnelles (manque de confiance en soi), des réactions sociales (gêne vis-à-vis des autres, peur de leur regard...).
Phase de résistance	C'est la phase de dépassement de l'état de stress. Le corps s'adapte, la mobilisation pour résister au stress stimule l'action. Dans ce cas le stress est positif.
Phase d'épuisement	L'individu n'a pas réussi à surmonter le stress... Le corps va provoquer l'arrêt. Le système immunitaire est affecté (la maladie se pose sur un organe particulier selon l'histoire personnelle de chacun).

4 Comment gérer le stress

1. Stratégie à adopter pour la gestion du stress

Optimiser la gestion du temps	Se fixer des priorités, planifier, savoir dire non (*cf.* fiche 39).
Prendre soin de soi	C'est ce qu'on appelle l'auto-maintenance. Il faut savoir prendre du temps pour soi, se faire plaisir, décrocher lorsque l'organisme émet des signaux.
Veiller au bien-être corporel	Hygiène, alimentation, sommeil et sport contribuent à la lutte contre le stress.
Éliminer les pensées négatives	Il faut bannir les pensées du type « je ne suis pas capable… » ; « je n'y arriverai jamais… ».

2. Quelques exercices pour lutter contre le stress

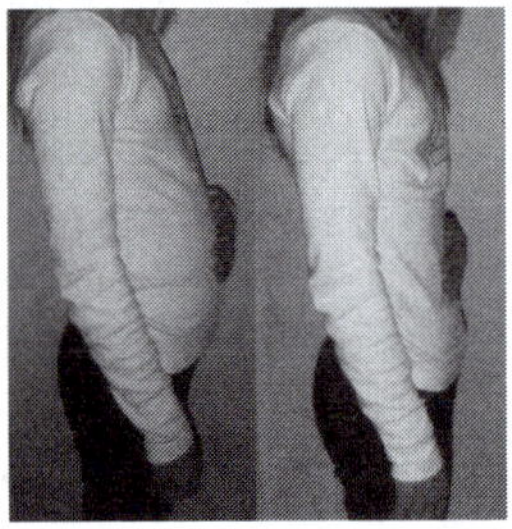

Fig. 1 Fig. 2
Respiration abdominale

Exercice de respiration

La détente est le seul moyen intentionnel de pouvoir agir sur le corps.

Quel que soit la situation dans laquelle se manifeste le stress, la respiration abdominale est un bon moyen de lutte.

Debout ou assis, détendez-vous bien, relâchez les épaules, pieds bien à plat au sol.

1. Inspirez en gonflant le ventre (Fig. 1).
2. Bloquez la respiration un moment.
3. Expirez tout doucement en creusant le ventre (Fig. 2).

L'exercice peut se faire en fermant les yeux et en prenant conscience de chaque partie de son corps ; en état de semi-veille ; en se recentrant sur soi.

Pratiquer l'ancrage :

Vous vous détendez bien (*cf.* ci-dessus) :

1. Pensez à une situation de bien-être que vous avez vécue. Replongez-vous dans cet état mental.
2. Associez un geste à cet état.
3. Pensez à tout autre chose.
4. Pensez à une situation de succès que vous avez vécue. Replongez-vous dans cet état mental.
5. Associez de nouveau le geste à cet état.

Vous venez de fixer un ancrage. Par la suite, le fait de reproduire le geste que vous avez choisi vous permettra de vous replonger dans l'état mental de bien-être et de succès et vous permettra de reprendre confiance en situation de stress.

38 L'automotivation

Entretenir la motivation est un facteur d'épanouissement et de développement personnel.

1 La notion de motivation

La motivation est une pulsion qui pousse à l'action afin d'atteindre un objectif futur. C'est :
– une attitude mentale : croire en l'avenir et voir la réalité de façon positive et pleine d'opportunité ;
– un état émotionnel : croire en sa capacité à réussir ; avoir confiance en soi, résister à l'échec.

2 Les univers de la motivation

Pour un bon équilibre, il est préférable d'entretenir les différents univers de motivation.

- L'univers familial : parents, conjoint, enfants, maison.
- L'univers d'activité : études, écoles, travail, entreprise, carrière.
- L'univers de sociabilité : amis, activités sportives, politiques…
- L'univers personnel : accomplissement de soi, culture, développement personnel.

3 Le processus d'automotivation

1re étape : avoir l'envie d'agir.
2e étape : se donner les moyens d'agir. Se projeter dans ses réussites futures.
3e étape : faire des efforts pour mener les projets jusqu'au bout.

4 Les règles de l'automotivation

La connaissance de soi	Régulièrement, faire le point sur ce que l'on veut devenir, ce que l'on veut réaliser, ce que l'on veut obtenir. Cela permet d'évaluer ses possibilités et de se fixer des objectifs.
La crédibilité	Entretenir sa motivation en se fixant des objectifs atteignables à court terme. En effet, en se fixant des objectifs qu'on est sûr de pouvoir atteindre, on augmente les chances de succès et on prend confiance en soi.
Le respect de soi	Éliminer toutes les pensées négatives et croire en sa capacité à réussir. Ne dites pas « Je ne suis pas capable, je n'ai jamais fait cela » mais plutôt « C'est un nouveau défi, je vais procéder par étape. Je dois y arriver ».
La maintenance	Prendre soin de soi et de sa motivation, apprendre à se féliciter de ses réussites, prendre appui sur ses qualités au lieu de se focaliser sur ses défauts. Tirer des leçons de ses échecs en en retirant des points positifs.

Garder la motivation c'est se fixer des objectifs. Pour se lancer, il faut développer et entretenir la confiance en soi.

Le manque de confiance en soi constitue un lourd handicap. C'est un cercle vicieux : une personne qui n'ose pas se lancer se sent insatisfaite et culpabilise de ne pas agir. Du coup, son manque de confiance ne fait qu'augmenter, elle se dévalorise et ses relations avec les autres sont perturbées. «Mais rien n'est définitif. Il s'agit d'un simple engrenage et une prise de conscience peut en inverser les effets. Le cercle vicieux se transforme alors en cercle vertueux», rassure Frédéric Franget dans «Oser, une thérapie de la confiance en soi» (Odile Jacob).

LA SPIRALE DU SUCCÈS

J'ai cru à ma carrière de chanteur même quand les salles étaient vides

Ma chanson la plus populaire après «Saga Africa» s'intitule «Ose». Après coup, j'ai pensé qu'il fallait être carrément sûr de soi pour dire ça à des gens dont on ne connaît rien. Quand j'ai commencé à chanter, certains disaient : «Il va être ridicule…», «Il ne chantera jamais aussi bien qu'il a joué au tennis…» Mais ça ne m'a pas touché, car il a tout de suite été clair pour moi que ma deuxième vie ne serait pas une reconversion économique mais une passion. J'y ai cru dès ma première tournée, même quand il y avait plus de monde sur scène que dans la salle. Il faut s'amuser et saisir sa chance. Chacun a une bonne étoile : il faut juste savoir regarder, saisir les occasions. Même quand ça ne va pas, il peut en sortir quelque chose de bien. Le cinéma ? Pour l'instant, je m'éclate trop avec la musique. Mais je suis sûr d'en être capable : acteur, ce n'est pas un problème, j'ai toujours joué !

Yannick Noah, chanteur, ancien champion de tennis

LA SPIRALE DE L'ÉCHEC

Source : *Management*, janvier-2006.

39 L'optimisation du temps personnel

Le temps est précieux et savoir le gérer permet d'être plus efficace et de gérer le stress. Le commercial a besoin d'organisation.

1 L'ORGANISATION DU TRAVAIL ET LA DÉTERMINATION DES PRIORITÉS

Répertorier l'ensemble des tâches à accomplir est indispensable pour organiser son temps.

Tâches à prendre en compte hors visite de la clientèle	Tâches à prendre en compte sur le terrain
• Courrier client • Devis • Suivis des commandes • Prospection téléphonique • Réunions • Formations • Préparation de la tournée • Préparation foires et salons • Documents administratifs, comptes rendus	• Visites de clients acquis • Visites de prospects connus • Visites de prospects inconnus • Démonstrations et essais • Service après-vente • Participations aux foires et salons • Déplacements • Temps d'attente

Nous avons tendance à confondre ce qui est urgent et ce qui est important. Exemple : répondre au téléphone semble urgent mais est très rarement important. Un message important réussit toujours à passer. Se former n'est pas urgent mais c'est très important.

Il faut hiérarchiser les tâches en déterminant leur degré d'importance et d'urgence :
– ce qui est important et urgent doit être fait en priorité ;
– ce qui est important mais peu urgent doit être planifié ;
– ce qui semble urgent mais qui est peu important peut-être évité ou fait par quelqu'un d'autre ;
– ce qui est peu urgent et peu important peut être délégué ou fait lorsqu'une plage horaire se dégage (rendez-vous annulé…).

2 LE PLANNING ET LA GESTION DU TEMPS

C'est un document concret de répartition du temps qui permet d'organiser l'ensemble de l'activité du vendeur. Il résulte d'une décision personnelle du vendeur qui cherche à organiser son temps. Les avantages sont les suivants :
– la liberté : il permet de choisir la gestion de son temps plutôt que de le subir ;
– il permet l'alternative, impossible sans planning préparé ;
– il permet de mieux gérer l'imprévu si le vendeur a d'abord cherché à le limiter autant que possible.
Il permet enfin de mieux gérer son temps en optimisant les déplacements et en planifiant les réunions à des moments réguliers.

en pratique

Conseils pratiques en quelques lois : ces lois qui régissent notre temps.
Notre usage du temps dépend de quelques constantes psychologiques. Prenez-les en compte pour ne plus en être victime.

La loi de Laborit
Chaque individu a une inclination naturelle à d'abord faire les choses qui lui font plaisir. Loi du désir ou du moindre effort, en somme. Pour y résister, il n'est pas d'autre solution que de se faire violence. Commencez par le plus pénible.

La loi de Fraisse
Le temps comporte une dimension psychologique, qui est fonction de l'intérêt porté à l'activité effectuée. Plus l'intérêt est grand, plus le temps passe vite. Conséquence : vous risquez de consacrer trop de temps à ce qui vous fait plaisir et de vous débarrasser trop rapidement des activités que vous abhorrez.

La loi de Murphy
Chaque chose prend toujours plus de temps qu'on ne le prévoyait au départ. Pour échapper à cette fatalité, évaluez toujours le temps qu'il faudra consacrer à l'exécution d'une tâche en y intégrant l'imprévu.

La loi de Parkinson
Plus on a de temps pour faire quelque chose, plus on en prend effectivement, sans que le résultat soit forcément meilleur. Pour éviter ce genre de dérive, fixez-vous des échéances.

La loi d'Illich
Au-delà d'un certain seuil, l'efficacité professionnelle décroît, voire devient négative. Le principe des rendements décroissants vaut aussi pour l'homme. Pour vous soustraire à cette loi, n'abusez pas de vos forces, ménagez-vous des pauses, prenez le temps de souffler.

La loi de Taylor
L'ordre dans lequel nous effectuons une série de tâches influe directement sur le temps qu'elles nous prennent. Apprenez donc à trouver le bon ordre, en tenant compte de votre propre rythme : si vous êtes en grande forme le matin, ne gâchez pas votre énergie à trier votre courrier !

Source : *L'entreprise*, extrait du n° 172.

40 La prise de contact

Cette phase permet de ressentir le contexte, de créer un climat de confiance mais aussi de vérifier que l'on est en présence du bon interlocuteur et de se qualifier en tant que tel à ses yeux.

1 Les étapes de la prise de contact

- Saluer : créer le contact.
- Se présenter : présentation personnelle « prénom + nom » puis présentation de l'entreprise et de son activité principale.
- Contrôler : vérifier que l'on est en présence du bon interlocuteur (Est-il décideur ? Partage-t-il la décision ? À qui rend-t-il compte ?)
- Accrocher le prospect soit en lui posant une question qui l'interpelle « Savez-vous que la législation sur les effluents d'eaux usées va changer en septembre 2006 ? » soit en lui présentant un avantage général de votre entreprise : « Nous venons de mettre au point un logiciel qui permet d'optimiser la rentabilité de vos tournées, je suis venu vous le présenter. »
- Obtenir le feu vert pour la phase suivante : présentation des objectifs de l'entretien et validation du temps dont on dispose.

NB : S'il s'agit d'un énième contact, l'identification des interlocuteurs n'est plus à faire mais il convient de faire un état des lieux homme/entreprise/marché et un point par rapport à l'entretien précédent.

2 Les éléments d'une bonne prise de contact : les vingt premières secondes

Selon l'adage bien connu, vous n'aurez jamais une seconde chance de faire une bonne première impression, il va donc falloir mettre toutes les chances de votre côté dès le premier contact.

État d'esprit : positif, confiant, enthousiaste, ouvert, respectueux, courtois.

Le paralangage : regard franc, visage souriant, poignée de mains ferme, tenue adaptée, distance respectée.

Le verbal : ton et débit adapté, voix claire, mots précis, positifs, valorisants.

Il faut s'assurer que l'environnement est favorable à l'entretien et que les conditions matérielles sont réunies pour engager un dialogue constructif.

1 - Analyser différentes situations de prise de contact

Situation n° 1

Bonjour, Dominique Leblanc. Vous êtes bien Jacques Duroc, responsable des achats ? (*le client acquiesce*). Comme j'étais chez un bon client juste en face, je viens vous voir pour vous proposer notre nouveau catalogue de promotions sur les fournitures de bureau. Je suppose que faire des économies de papier vous intéresse ?

Situation n° 2

Bonjour Madame, Frédérique Dupont, entreprise Leroy, spécialiste des solutions informatiques. Excusez-moi de vous déranger, avez-vous besoin de faire évoluer votre système actuel ? je pourrais vous proposer notre petit catalogue.

	Points positifs	Erreurs du vendeur
Situation 1	Présentation personnelle. Contrôle de l'interlocuteur. Bonne accroche présentée en avantage client.	Salutation incomplète. Pas de présentation de l'entreprise Dévalorise le prospect : « Comme j'étais chez un bon client… ».
Situation 2	Salutation complète. Présentation personnelle et de l'entreprise avec l'activité.	Ne contrôle pas l'interlocuteur. Se dévalorise et manque d'assurance : *excusez-moi, déranger, je pourrais, petit catalogue.* Accroche qui facilite le « non ».

2 - Préparer une prise de contact

Situation : Vous représentez la société Précom, régie publicitaire du journal Ouest-France. Votre chef des ventes vous charge de commercialiser des encarts publicitaires dans le cahier spécial « habitat » qui sortira début mars. Vous prospectez les entreprises de rénovation (fenêtres, volets, vérandas, ravalement de façade…) en direct sur le terrain.

Vous entrez dans une agence spécialisée dans les ouvertures (portes et fenêtres). Une personne vous accueille.

Technique de prise de contact : il faudra choisir l'avantage général car la démarche vient de vous.

Votre prise de contact :

Salutation et présentation : « Bonjour Madame, Camille Barrientos, société Précom, nous sommes la régie publicitaire du quotidien Ouest-France. »

Contrôle : « Je souhaite m'entretenir avec la personne responsable de l'agence s'il vous plaît ? »

Accroche : « Nous éditons début mars un cahier spécial "habitat" très attendu par nos lecteurs et surtout ceux qui ont des projets de rénovation ; j'imagine que c'est une clientèle qui peut vous intéresser ! »

NB : remise de la carte de visite. Certains vendeurs préfèrent la donner en arrivant. Cela rassure parfois le client, surtout en prospection directe. D'autres la remettent à la fin avec les documents d'entreprise ou la proposition commerciale. L'essentiel est de la laisser avant de quitter le client !

41 La découverte

La découverte est une étape incontournable car c'est là que le vendeur obtiendra toutes les informations nécessaires pour argumenter d'une façon efficace et crédible.

1 Découvrir son client

C'est en le comprenant que vous pourrez lui proposer une solution satisfaisante.

L'entreprise (vente B to B)		L'acheteur		Le besoin	
Activité Structure/taille Environnement Positionnement	Zone Clientèle Politique commerciale	Qui est-il ? Niveau de décision Fonction	Profil Personnalité Motivations Freins…	Budget Délais Situation actuelle	Questions adaptées /situation, produits…

Pratiquer l'entonnoir : partir du contexte général pour arriver progressivement à la mise en avant du besoin précis.

2 Les moyens

Le questionnement actif : pour bien découvrir son client, il est important de questionner utilement et d'utiliser différentes techniques pour relancer, approfondir.

Question	Objectif	Exemple
Ouverte	Laisser s'exprimer le client pour obtenir un maximum d'informations.	Comment imaginez-vous votre futur bureau ?
Fermée	Obtenir des éléments précis.	Combien d'enfants avez-vous ?
Alternative	Affiner la découverte, amener l'interlocuteur à agir en l'orientant.	Vous préférez le bois ou le PVC ?
Reformulation de contrôle	Valider et clarifier les propos de l'interlocuteur, l'amener à préciser.	Dois-je comprendre que vous êtes pressés d'agir ?
Suggestive	Orienter le client.	Et si nous parlions de… ?
Ricochet	Relancer l'interlocuteur pour qu'il précise sa pensée.	Ah ? C'est-à-dire ? Mais encore ?
Recentrage	Éviter les digressions et garder la maîtrise du plan de vente.	Vous disiez tout à l'heure... Pourquoi… ?
Reformulation déductive	Permet de mettre en avant le besoin et d'avancer vers la proposition d'une solution.	*Client :* Je perds un temps fou. *Vendeur :* Et vous seriez intéressé par une solution…

L'écoute active : pour bien vendre, il faut savoir se taire lorsque le client parle et lui porter un intérêt réel et sincère (empathie, reformulation régulière…).

3 La reformulation

Elle a pour but d'obtenir l'accord du client sur les idées énoncées et de les classer par ordre de priorité. Elle permet de vérifier qu'on a tout évoqué ou d'obtenir des précisions.

1 - Utilisez les techniques de questionnement

Vous êtes commercial(e) dans l'entreprise Fashion jewels qui commercialise des bijoux fantaisies importés de Grande-Bretagne.
Vous avez réussi votre prise de contact dans la boutique Maxwell qui vend des vêtements et accessoires de mode. Vous êtes en présence de Mme Salmon, responsable du magasin et de M. Vigneron, son adjoint. C'est maintenant le moment d'utiliser votre plan de découverte.

L'entreprise

Quelle clientèle ciblez-vous ?	Ouverte
Vous dites jeune, c'est-à-dire ?	Ricochet
Vous êtes ouvert depuis combien de temps ?	Fermée
Vous êtes indépendant ou dans un groupe ?	Alternative
Si nous parlions un peu des temps forts de l'année ?	Suggestive

L'acheteur

Vous achetez également pour un autre point de vente ?	Fermée
Quels sont vos critères d'achat ?	Ouverte
Monsieur Vigneron y participe-t-il ?	Fermée
En fait, vous aimez bien changer ?	Contrôle
Vous disiez avoir peur des produits importés ?	Recentrage

Le besoin

Pour les bijoux vous travaillez en direct ou par grossiste ?	Alternative
Qu'attendez-vous d'un fournisseur ?	Ouverte
Ne pensez-vous que vous pouvez élargir votre assortiment ?	Suggestive
Quelle est la part des bijoux dans votre CA ?	Fermée
Client : En fait je fais assez peu de bijoux. *Vendeur :* Et vous seriez favorable au développement de cette activité ?	Déductive

2 - Reformulez

Écouter activement, c'est savoir reformuler pour s'assurer d'avoir bien compris le client et ses préoccupations. Reformulez les propos tenus par votre client :
Mme Salmon :
« Parce que la difficulté en importation n'est pas seulement d'être livré dans les temps mais bien en bon état… Pendant le transport ça finit toujours par s'abîmer. »
Votre reformulation :
« Si je vous comprends bien vous attachez de l'importance au respect des délais et bien naturellement vous voulez avoir l'assurance que les produits seront acheminés avec le plus grand soin ? » (sécurité)

42 L'argumentation

C'est le moment ou le vendeur peut s'exprimer pour proposer à son client la solution adaptée à sa situation en tenant compte de ses motivations et attentes du moment.

1 Les principes d'achat

Il est important de toujours garder à l'esprit les différentes barrières qui s'opposent à l'acheteur dans sa prise de décision. Un acheteur ne prendra une décision favorable que s'il peut s'exprimer, si vous comprenez sa situation, s'il comprend votre proposition, si votre proposition est pratique pour lui, s'il voit ce qu'il va gagner, s'il peut facilement dire oui et justifier son achat.

2 La structure de l'argumentation

Développer l'ensemble des arguments que possède votre produit reviendrait à faire de l'information ; mettre en valeur l'argument qui fera mouche auprès du client, c'est vous donner une chance de réussir votre vente.
L'argumentation se compose d'une **caractéristique**, d'un **avantage** client, d'une **preuve (CAP)**.

Caractéristique	C'est une composante technique ou commerciale du produit qui peut être considérée comme point fort, donc susceptible d'apporter un élément positif au client.
Avantage	C'est montrer au client ce que ce point fort va lui apporter compte tenu de ses attentes et motivations. Quel est le bénéfice pour lui ?
Preuve	Ce sont des éléments tangibles qui vont rendre crédible l'avantage et rassurer le client : faits, chiffres, témoignages, démonstrations…

3 L'adaptation au profil SONCAS du client

	Motivation	l'argument utilisé doit :
S	Sécurité	rassurer le client ;
O	Orgueil	valoriser le client ;
N	Nouveauté	valoriser le côté récent, mode, avant-gardiste ;
C	Confort	valoriser l'aspect pratique, bien-être, gain de temps ;
A	Argent	valoriser l'économie, la rentabilité, le rapport qualité/prix ;
S	Sympathie	Mettre en avant l'aspect esthétique, convivial.

4 Les étapes de l'argumentation

- **Sélectionner** dans l'argumentaire les arguments adaptés aux besoins et motivations du client.
- **Argumenter** en structurant (CAP) et en impliquant le client « Pour vous… ».
- **Contrôler la portée** de l'argument en observant le client et en lui posant des questions.

La société Cap'Blue située à Romorantin commercialise des piscines en direct de l'usine dont le concept haute technologie est breveté.

Source : www.cap-blue.com

Passer de l'argumentaire à l'argumentation

Voici des points forts relevés sur le site et dans le catalogue de l'entreprise :
– deux journées d'installation. Le Manuel Cap'blue simplifie le montage ;
– production industrielle des éléments du kit, en fortes séries, à prix très concurrentiels ;
– alarme électronique conforme aux exigences NF P90-307 ;
– près de chez vous, un conseiller Cap'blue vous guide quelle que soit l'option choisie ;
– le concept armatures aluminium + dalles modulaires béton est exclusif et breveté pour une structure garantie à vie. Dalle mise au point en collaboration avec les laboratoires du CERIB (Centre d'études et de recherches de l'industrie du béton) ;
– possibilité de personnaliser la piscine par différents coloris de liner imprimés 3 D et des frises.

	Caractéristiques	Avantages	Preuves
Sécurité	Piscine équipée d'une alarme électronique.	Vous assure une surveillance 24 h/24 et protège vos proches.	En cas de chute la vague déclenche une puissante sirène. Norme NFP90-307.
Orgueil	Votre piscine personnalisée.	Ce n'est pas une piscine ordinaire. L'habillage du bassin la rendra unique.	Choix de liners en 3D, de frises et modèles sur commande.
Nouveauté	Concept « high tech ».	Vous bénéficiez d'une technologie de pointe.	Concept exclusif, breveté. Dalle mise au point avec les laboratoires du CERIB.
Confort	Montage simple.	Vous gagnez du temps au montage et n'êtes pas ennuyé par les travaux.	Installation en deux jours à la portée des bricoleurs ou par artisan (manuel fourni).
Argent	Des prix compétitifs.	Vous faites un investissement sûr avec un excellent rapport qualité prix.	La production industrielle de kit permet de faire des économies d'échelle tout en assurant la robustesse de la structure brevetée.
Sympathie	Une équipe à votre service.	Nos conseillers sauront vous guider vers la solution la mieux adaptée à votre mode de vie.	Cap'Blue a mis en place un réseau de techniciens et d'installateurs. Il y a un conseiller près de chez vous.

43 Le traitement des objections

L'objection est un réflexe normal que le vendeur doit considérer plutôt comme une marque d'intérêt que comme une frustration ou une attaque.

1 Pourquoi le prospect objecte-t-il ?

Par peur de conclure, de faire le mauvais choix, d'être un mauvais acheteur, pour obtenir plus d'informations, un avantage supplémentaire, comparer avec la concurrence ou déstabiliser le vendeur.

2 Les différents types d'objections

Objection	Interprétation	Adaptation du vendeur
Prétexte « fausse barbe ».	Attitude de défense, de réserve ou de fuite sans fondement logique ; elle apparaît au début pour résister à l'achat ou en fin lorsque le prospect n'a plus de véritable objection.	Essayer d'y répondre peut produire un conflit puisque le client n'est pas sincère. Il vaut mieux l'ignorer ou essayer de trouver l'objection réelle qui se cache parfois derrière.
Sincère et non fondée.	Manque d'information, connaissance erronée ou déformée des produits.	Rétablir la réalité en apportant des preuves : démonstration, faits…
Sincère et fondée.	Le client a mis le doigt sur un point perfectible. Un produit a rarement tout ce que veut le client.	Minimiser le point faible et le compenser par les points forts pour atténuer l'objection.

3 Comment traiter l'objection ?

Habituez-vous à réagir positivement à une objection et attachez-vous à son fondement. Vous voulez construire un accord, éviter les ripostes agressives.
– laisser s'exprimer le client et même favoriser l'expression ;
– l'écouter, lui donner confiance, le comprendre ;
– accepter l'objection, la reformuler positivement pour faire dire « Oui »,« je vois ce que vous voulez dire… C'est bien cela ? » ;
– répondre de manière bienveillante en utilisant des mots positifs.

4 Quand traiter l'objection ?

Avant	Devancer l'objection la plus courante pour conserver la maîtrise de l'entretien.
Immédiatement	Quand l'objection est sincère, il est important de rassurer le client car la réponse permet d'avancer dans le processus de vente.
Plus tard	S'il est trop tôt pour y répondre par rapport à votre logique d'entretien (notamment les objections portant sur le prix ou celles qui pourront être balayées par une démonstration).
Jamais	S'il s'agit d'une « fausse barbe », d'une provocation ou d'une objection ironique.

en pratique

Utiliser les techniques de réfutation les plus courantes

Objection	Refutation	Technique utilisée
Ce sac n'est pas imperméable.	Oui s'il tombe à l'eau, je ne garantis pas son étanchéité, mais vous pouvez l'utiliser sous la pluie ou en milieu humide en toute tranquillité.	Oui-mais : Éviter de dire « non » au client et rétablir la situation à votre avantage par le « mais » placé dans votre phrase.
Votre entreprise est toute petite.	C'est justement ce qui nous permet d'être plus proches de nos clients.	Appui : Montrer au client que ce qu'il prend pour un point faible est en fait un avantage.
Ça va aboutir à des prix de vente trop élevés par rapport au panier moyen de ma clientèle.	Nous calculerons ensemble tout à l'heure les prix de vente conseillés, vous serez agréablement surpris.	Écran : Montrer au client que vous prenez en compte sa remarque et que vous y répondrez plus tard.
Vos délais de livraison sont longs.	Peut-être, mais pour vous la garantie l'est aussi, tout est fait sur mesure pour s'adapter à votre maison et la pose est offerte.	Compensation : Apporter des points positifs significatifs suite à un inconvénient détecté par le client.
Et ça doit prendre un temps fou !	Si vous dites cela, c'est que vous avez déjà une idée sur la question ? À votre avis ?	Boomerang : Retourner l'objection sous forme de question pour en apprendre plus sur les attentes du client.
En vendre 12 en une journée, je suis sceptique !	Ce sont des statistiques qui tiennent compte des animations que nous avons déjà réalisées. voulez-vous contacter M. Arial, votre confrère de Nantes ?	Témoignage : Prendre pour référence une tierce personne connue du client, ou montrer une situation comparable, preuve à l'appui.
Ça ne peut pas marcher. J'ai déjà essayé.	Qu'est qui vous fait dire cela ? Pouvez-vous me préciser quel était le système que vous avez essayé ?	Questionnement : Faire préciser l'objection de façon à bien la comprendre pour la désamorcer.
Le port USB est mal placé.	Disons qu'on aurait pu mieux faire, mais avec un cordon adapté, vous le placerez juste devant l'écran.	Affaiblissement : Atténuer la portée de l'objection.
Pendant le transport ça finit toujours par s'abîmer.	Bien naturellement vous voulez avoir l'assurance que les produits seront acheminés avec le plus grand soin ?	Reformulation interrogative : reprendre l'objection sous forme de question de façon positive.
Vous les vendeurs vous êtes bien tous les memes !	(Contentez-vous de prendre un air étonné.)	Silence Éviter la confrontation. Parfois le client a besoin de s'exprimer et n'attend pas de réponse.

44 Le traitement du prix

L'annonce du prix est un moment qui inquiète souvent le vendeur car alors qu'il maîtrise parfaitement son argumentation produit, il ne sait pas toujours ce que son client est prêt à payer et ce que propose la concurrence.

1 Les règles de présentation du prix

Il est important que le vendeur garde en tête qu'il vend une réponse à un besoin et non un prix. Le prix résulte d'un certain nombre d'avantages qui apporteront satisfaction au client.

Quand présenter le prix ?

Le moment de le présenter doit rester à l'initiative du vendeur même si souvent le client cherche à l'obtenir plus tôt. La méthode de l'écran (*cf.* fiche 43) est un moyen de faire face à cette situation. Le vendeur présentera le prix :
– lorsqu'il a terminé son argumentation ;
– lorsque le client a pris conscience des avantages que représente le produit ;
– lorsqu'il est prêt à l'entendre. Avant d'annoncer le prix, le vendeur doit s'assurer qu'en dehors de cette question, la solution proposée convient *a priori* au client et qu'il n'a pas d'autres questions sur le produit ou service proposé.

Comment le présenter ?

- En restant naturel puisqu'il est justifié par des avantages exprimés avant.
- En le rendant crédible : prix précis et tarifs imprimés limitent les risques de discussion et renforcent la confiance du client.
- En s'appuyant sur la valeur de revente pour un produit qui ne se déprécie pas voire qui prend de la valeur.
- En développant la notion de contribution à la marge lorsque le client est lui-même revendeur du produit.

2 Les techniques de présentation du prix

Technique	Principe
Addition	Présenter le prix en additionnant l'ensemble des avantages qu'il offre au client.
Division	Ramener le prix à l'unité la plus petite possible (par jour, par utilisation, par produit, par contact…).
Soustraction	Dramatiser la situation en montrant au client ce qu'il perd en n'achetant pas le produit maintenant au prix proposé.
Multiplication	Renforcer l'impact des avantages en les multipliant dans le temps ou par le nombre d'utilisations.
Minimisation	Atténuer le prix en présentant des délais de paiement, en exprimant la différence en pourcentage, en montrant la marge potentielle que le client peut dégager.
Comparaison	Comparer le prix à une dépense de la vie courante.
Relativité ou balance	Apporter une contrepartie pour affaiblir le prix : les gains qui découleront de l'investissement ; les « plus » par rapport à l'offre concurrente.

1 - Utiliser les techniques de présentation du prix

L'addition Le prix va comprendre le boîtier maître avec la télécommande, les dix boîtiers stagiaires, l'ensemble du câblage, un service hot line, une formation en deux étapes et un matériel garanti deux ans et surtout une amélioration notable de la qualité et de l'efficacité de vos formations. Devis global… matériel livré, installé, 5 900 €.
La minimisation Exemple 1 : Ce que je peux faire, c'est… nous sommes en octobre, vous facturer la moitié en novembre, donc sur le budget en cours et l'autre moitié en janvier, donc sur le budget de l'année prochaine. (Minimiser en étalant le paiement dans le temps.) Exemple 2 : Cette proposition représente seulement 2 % de plus. (la différence présentée en pourcentage est affaiblie.)
La division Exemple 1 : unité produit/service Compte tenu de notre lectorat, cet encart vous revient à 0,03 centime par contact ciblé. Exemple 2 : unité temps Pour 1 € par jour, vous bénéficiez d'un bouquet de chaînes très diversifié pour satisfaire toute la famille.
La soustraction : Notre promotion prend fin samedi : après nous ne pourrons plus vous offrir le lecteur DVD.
La relativité Pour seulement 2 centimes de plus par tasse de café servie à vos clients, vous bénéficiez d'un café plus sain que celui que vous avez actuellement. Il est issu de l'agriculture biologique et respecte les règles du commerce équitable. Ainsi, vous montrez à vos clients que vous êtes un acheteur responsable. (Différence présentée par la division, contrepartie par l'addition.)
La comparaison Cette encyclopédie vous coûtera 2,5 € par jour, soit la moitié du prix d'un paquet de cigarettes !
La multiplication Cette option vous permet de réduire de 20 à 30 € chacune de vos factures mensuelles de téléphone, soit une économie minimum de 240 € à l'année !

2 - Choisir le bon moment pour présenter le prix

Le vendeur présente son produit et le client intervient.

Client : « Hum, intéressant mais beaucoup plus cher paraît-il ? ».

Vendeur : « Compte tenu de ses performances vous serez surpris. Vous verrez, je vous ai apporté un devis… Vous me permettez de vous présenter le matériel d'abord (le vendeur sort le matériel et reprend le cours de son plan de vente) ? »

Ici le vendeur veut rester maître de son entretien et n'est pas prêt à présenter le prix. Il montre cependant à son client qu'il l'a entendu et que la question viendra en temps utile.

45 La négociation commerciale

Dans le cas d'une critique sur le produit, le vendeur peut affirmer ses arguments en apportant des preuves. Lorsqu'il s'agit du prix, c'est différent car le vendeur n'a pas tous les éléments.

1 L'objection sur le prix

Pour répondre à l'objection sur le prix, le vendeur devra d'abord comprendre les raisons qui animent le client.

C'est trop cher ! ... Interprétations possibles
– les concurrents sont moins chers ou offrent plus d'avantages ; – le client n'en a pas les moyens ou n'est pas prêt à payer ce prix pour ce service ; – le client peut trouver un produit de substitution moins cher ; – le client veut être sûr qu'il a obtenu le meilleur prix ou obtenir un avantage supplémentaire ; – c'est une stratégie pour obtenir de meilleures conditions avec un autre fournisseur déjà choisi ; – c'est une façon de se dérober et de reporter la prise de décision.

2 Répondre à l'objection-prix

C'est trop cher ! ... Réponses possibles
• Qu'est-ce qui vous fait dire cela ? • Avez-vous calculé les gains que vous pourrez dégager grâce à cet investissement ? • Combien êtes-vous prêt à investir ? Que pensez-vous d'un paiement échelonné ?

J'ai moins cher ailleurs ! ... Réponses possibles
• Pour le même service ? • Comparons les offres point par point ; pouvez-vous me montrer le devis ?

3 Négociation sur le prix

Les types de réductions possibles sont :

– l'escompte : accordé pour paiement comptant (rarement supérieur à 3 %) ;

– le rabais : appliqué en cas de défaut sur le produit, de dépréciation due à la sortie d'une nouvelle collection ou pour un produit d'exposition ;

– la remise : il s'agit d'un pourcentage calculé sur le prix de vente HT. Elle peut être un argument de négociation à condition de ne pas être discriminatoire. (remise quantitative ou pour une catégorie de clients annoncée en raison du volume d'affaires susceptible d'être généré) ;

la ristourne : calculée sur le chiffre d'affaires réalisé par le client pendant une période donnée… (aussi appelée marge arrière, remise de fin d'année).

La concession sur le prix

Quelle que soit la motivation du client à faire baisser votre prix, n'accordez jamais de remise sans contrepartie ou alors votre prix ne sera plus crédible et vous non plus ! Il est parfois préférable d'offrir une option supplémentaire ou du consommable par exemple plutôt que de réduire votre prix.

en pratique

Faire face à l'objection-prix

Dans l'exemple qui suit, un responsable de centre de formation négocie l'achat d'un système qui se place sous les ordinateurs et qui contrôle l'ensemble des postes à partir du poste maître (*cf.* exemple fiche 44/prix annoncé par la méthode de l'addition).

Client : C'est extrêmement cher ! Pour un tel prix je préfère investir dans un vidéoprojecteur et je pourrai partager le budget avec le service commercial.

Le client pense à un produit de substitution.

Vendeur : Un vidéoprojecteur vous assure-t-il l'attention de tous ? Vous n'empêcherez jamais un ou deux stagiaires de continuer à travailler sur leur poste au lieu d'écouter l'explication, alors que Dispatcher, lui, bloque l'ensemble des postes ! Quant à le partager avec le service commercial, vous pouvez en avoir besoin au même moment… Alors votre objectif n'est-il pas l'efficacité de votre service en priorité ?

Le vendeur utilise la relativité. Les « plus » de sa solution.

Client : Tout à fait, mais l'efficacité passe aussi par une bonne gestion des coûts !

L'objection persiste. La vraie raison n'est pas trouvée.

Vendeur : Oui, mais là c'est un investissement qui va vous permettre une meilleure efficacité du personnel en agences et donc une meilleure fidélisation au total de votre clientèle !

Client : 10 postes, ce n'est pas rien, nous avons d'autres projets ; qu'est-ce que vous pouvez nous faire comme conditions sur ce montant ?

Le client veut une remise. Pourquoi ?

Vendeur : C'est un équipement quasi minimum pour ce type de produits, donc c'est difficilement négociable… Bon, maintenant vous me parlez de projets ? À quelle échéance ?

Questionnement pour approfondir

Client : Notre banque se porte bien, je pense que nous équiperons une deuxième salle dans les 6 mois.

Vendeur : Alors ce que je vous propose, c'est de vous accorder à la signature, pour la seconde salle, une remise de 5 % qui sera rétroactive sur l'ensemble des deux commandes ; qu'est-ce que vous en pensez ?

Le vendeur n'accorde pas de remise tant qu'il n'a pas l'assurance d'équiper la seconde salle.

Client : J'en pense que ce n'est pas beaucoup ! De toute façon, je ne peux pas dépasser le budget de l'année en cours !

Le client vient d'exprimer la vraie raison de son objection.

Vendeur : Ce que je peux faire, c'est vous facturer la moitié en novembre donc sur le budget en cours et l'autre moitié en janvier, sur le budget de l'année prochaine.

Après avoir trouvé la vraie raison, le vendeur a minimisé le coût en proposant l'étalement de l'investissement sur 2 budgets.

Client : Cela me paraît déjà plus acceptable.

46 La conclusion et la prise de congé

C'est un moment délicat et impliquant, tant pour l'acheteur que le vendeur. Le premier va prendre une responsabilité et renoncer aux autres propositions, le second va concrétiser son objectif.

1 Conclure au bon moment

L'initiative de la conclusion revient au vendeur. Il faut qu'il choisisse le bon moment. On conclut un entretien de vente lorsque toutes les objections sont levées, lorsque le client a pris conscience de l'intérêt de l'offre et lorsqu'il a émis des signaux indiquant au vendeur qu'il est temps de conclure.

2 Les signaux d'achat

Les attitudes ou signaux non verbaux	Les signaux verbaux
Le client est détendu, confiant, n'a plus de gestes « barrière ». Il change d'attitude (devient silencieux ou au contraire devient très bavard). Il sourit, hoche la tête pour approuver. Il regarde le produit, les brochures, les touche, marque une pause, reprend. Il change de posture (s'implique vers l'avant ou au contraire prend du recul pour réfléchir). Il se gratte (la tête, le menton).	Le client pose des questions sur le SAV et les conditions de vente. Il réclame un avantage supplémentaire. Il se comporte en propriétaire. Il donne une objection prétexte. Il fait intervenir un tiers pour valider sa décision. Il pose des questions sur un point de détail car il n'a plus de vraie objection. Il revient sur une objection importante pour être sécurisé. Il fait une comparaison avantageuse de votre offre/concurrence.

3 Quelques techniques de conclusion

Technique	Principe
L'invitation directe	Le vendeur fait une proposition de commande précise au client pour l'amener à prendre la décision d'achat.
La peau de l'ours	Le vendeur se comporte comme si le client avait déjà donné son accord.
L'alternative	Le vendeur donne le choix entre deux propositions.
Le regret	Le vendeur rend la décision urgente en lui montrant qu'il perd un avantage s'il ne se décide pas tout de suite.
Le bilan	Le vendeur pèse le pour et le contre de la proposition et fait pencher la balance du côté des avantages reconnus par le client.
La dernière objection	Le vendeur répond à une objection, montre qu'il pense avoir fait le tour de la question et demande au client s'il a une dernière question. Il y répondra et conclura dans la foulée.
La méthode Colombo	Le vendeur a gardé un dernier argument en réserve pour emporter la décision lorsqu'il voit que son client hésite encore.

4 La prise de congé et l'après-vente

Que la conclusion ait été favorable ou non, le vendeur doit rester aimable, souriant ; se préoccuper de la suite à donner à l'entretien ; rester professionnel jusqu'au bout, remercier le client de son écoute et laisser une bonne image de l'entreprise.

en pratique

Vous vendez un encart publicitaire à un commerçant de votre ville.

1 - Repérer les signaux d'achat

Ce qui est bien par rapport aux quotidiens, c'est que ma publicité va durer une semaine. Signal : comparaison à l'avantage de notre offre.
Je pourrais mettre une photo d'une de nos réalisations. Signal : attitude de propriétaire.
Vous m'offrez la couleur pour cet encart ? Signal : recherche d'un avantage supplémentaire.
Je vérifie auprès de mon collègue que cela lui convient aussi. Signal : appel à un tiers.
Sous quelle forme faites-vous parvenir les bons à tirer ? Signal : question sur un point de détail.
Et pour les délais de paiement ? Pourrais-je payer à 30 jours après parution ? Signal : question sur les conditions de vente.

2 - Utiliser les techniques de conclusion

Technique	Exemple
L'invitation directe	Compte tenu de ce qu'on s'est dit, je vous conseille de prendre un encart de 100 millimètres par 2 colonnes. On y va ?
La peau de l'ours	Alors, quand le photographe peut-il passer prendre la photo de votre vitrine pour l'encart ?
L'alternative	On part sur un module vertical ou horizontal ?
Le regret	Nous approchons du bouclage, demain il sera trop tard pour faire passer votre message dans ce cahier-là.
Le bilan	C'est vrai qu'on tire à moins d'exemplaires, en revanche, vous dites vous-même que la publicité dure une semaine et que le lectorat sera extrêmement ciblé : que préférez-vous ? Diffuser large sur une journée ou être présent une semaine chez les personnes de votre zone de chalandise qui ont un projet ?
La dernière objection	Vendeur : Je crois que nous sommes d'accord sur ce qu'il vous faut, avez-vous encore une question ? Client : Mes concurrents vont être dedans à tous les coups ? Vendeur : C'est justement pour cela que vous ne pouvez pas vous permettre d'être absent ! On part sur 2 colonnes par 100 millimètres ?
La méthode Colombo	Au fait, je ne vous ai pas dit ! Comme nous devons boucler ce soir, je vous accorde 10 % de remise sur l'encart.

3 - Prendre congé

Notre photographe viendra demain pour la photo de votre hall d'exposition. ← Le vendeur organise le suivi.

Si vous avez une modification pour le message ou une question, voici ma carte. ← Il laisse un contact.

Vous verrez, votre associé va vous approuver, le format est vraiment idéal et avec une accroche pareille, vous allez faire parler de vous ! ← Le vendeur rassure le client et le valorise.

TEST n° 5

La négociation

Pour répondre à ce test, cochez ☺ (vrai) ou ☹ (faux)

	Vrai ☺	Faux ☹
1. La prise de contact		
a) Il faut présenter toutes les qualités de l'entreprise et des produits.	☐	☐
b) Il faut réfléchir avant l'entretien à la phrase d'accroche la mieux adaptée au prospect ou client rencontré.	☐	☐
c) Il faut être très réservé pour ne pas déranger le client.	☐	☐
d) L'essentiel est d'avoir un pied chez le client ; il n'est donc pas utile dans un premier temps de vérifier qui est notre interlocuteur.	☐	☐
e) Votre tenue et votre présentation personnelle ont une influence sur l'attitude du client envers vous.	☐	☐
f) Le principal objectif de cette phase est d'instaurer un climat de confiance.	☐	☐
2. La découverte		
a) Utiliser différentes techniques de questionnement permet d'orienter les réponses du client.	☐	☐
b) Lorsqu'on n'a qu'un seul service à proposer, par exemple un abonnement à un club de remise en forme, il est inutile de perdre du temps à poser des questions ?	☐	☐
c) Pour gagner du temps, il vaut mieux ne poser que des questions fermées.	☐	☐
d) L'écoute active consiste à porter un intérêt réel au client c'est-à-dire à l'observer, l'écouter, essayer de se mettre à sa place.	☐	☐
e) Il n'est pas utile de poser des questions qui n'ont pas un lien direct avec le produit ou service que vous vendez.	☐	☐
f) Prendre des notes est une marque d'intérêt et permet de relever les points essentiels pour ne rien oublier.	☐	☐
3. L'argumentation		
a) L'argumentation est l'adaptation de l'argumentaire selon les motivations du client.	☐	☐
b) L'argumentaire ne se prépare pas, il se met en place face au client.	☐	☐
c) Une caractéristique produit ne vaut d'être citée que si elle est transformée en avantage pour le client.	☐	☐
d) Les arguments doivent s'appuyer sur des faits.	☐	☐
e) Le vendeur peut commencer son argumentation dès la prise de contact.	☐	☐
f) Il est important de contrôler la portée de l'argument auprès du client.	☐	☐

	Vrai ☺	Faux ☹
4. Le traitement des objections		
a) L'objection prouve que le client n'est pas intéressé.	☐	☐
b) Il ne faut pas trop laisser le client s'exprimer lors de cette phase car il dévalorise votre produit.	☐	☐
c) Il est important d'approfondir l'objection pour bien y répondre.	☐	☐
d) Il est inutile de répondre lorsque l'objection est non fondée.	☐	☐
e) Il faut montrer au client qu'on comprend son point de vue avant de répondre à l'objection.	☐	☐
f) Répondre à une objection prétexte est source de conflit.	☐	☐
5. Le traitement du prix		
a) Il faut présenter le prix quand le client le demande.	☐	☐
b) Le prix est d'autant plus crédible qu'il est précis et imprimé.	☐	☐
c) La valeur de revente du produit n'a aucune incidence sur l'acceptation du prix par le client.	☐	☐
d) Le vendeur peut annoncer le prix lorsque le client a pris conscience des avantages du produit.	☐	☐
e) Le vendeur ne doit pas montrer de gêne lorsqu'il parle du prix.	☐	☐
f) Il faut annoncer un prix plus cher pour ensuite donner une remise au client.	☐	☐
6. La négociation commerciale		
a) Lorsque le client dit « c'est trop cher », il remet systématiquement en cause la valeur du produit.	☐	☐
b) Une ristourne s'applique lorsque le client paie comptant.	☐	☐
c) La marge arrière s'applique en fonction d'un CA réalisé.	☐	☐
d) Il n'est pas nécessaire d'appliquer le barème de remise sur quantités tant que le client ne le réclame pas.	☐	☐
e) Toute concession sur le prix doit s'accompagner d'une contrepartie.	☐	☐
f) Accorder une remise peut avoir une incidence sur le salaire du vendeur.	☐	☐
7. La conclusion et la prise de congé		
a) Il faut tenter de conclure dès que le client émet un signal d'achat.	☐	☐
b) Le vendeur peut prendre l'initiative de la conclusion même s'il reste une objection importante.	☐	☐
c) En agissant comme si la vente était conclue (après une suite d'arguments objectifs) le vendeur rend le refus d'acheter plus difficile que l'achat.	☐	☐
d) Il est inutile de demander un parrainage si vous n'avez pas réussi à convaincre votre prospect.	☐	☐
e) Ce n'est pas parce que le client sourit et qu'il se détend qu'il devient plus favorable à l'achat.	☐	☐

47 Les documents commerciaux et de suivi

L'activité du commercial requiert de nombreux documents commerciaux, dans les différentes phases de prospection, négociation, suivi de la clientèle. Pour les répertorier, nous pouvons les distinguer selon l'étape du processus de vente dans laquelle se situe le commercial.

1 En phase de prospection

La fiche prospect (nom du prospect, coordonnées, téléphone, fax, e-mail, site web, noms, titres et fonctions des décideurs, équipement actuel, besoins par rapport aux produits, concurrents en place, remarques du prospect, questions, objections, bilan de l'entretien de prospection, date de relance), la carte de la zone, le plan de tournée, l'agenda, les documents de présentation de l'entreprise et de ses produits.

2 En phase de négociation

La fiche client : on y trouve les mêmes infos que la fiche prospect plus l'historique des contacts et des achats (cette fiche est à renseigner le mieux possible, pour personnaliser le contact), le devis (il présente une estimation chiffrée précise des prestations proposées au client), le bon de commande (établi par le vendeur lors de la conclusion de la vente, il matérialise l'accord avec son client sur un produit donné, dans une quantité donnée, à un prix donné et dans des conditions commerciales acceptées par les deux parties), le bon de livraison, la facture (elle concrétise la vente et constitue la preuve de la créance du fournisseur et de la dette du client. Elle doit faire apparaître clairement la TVA).

3 En phase de suivi de la vente

Le client choisit le mode de règlement : à crédit ou comptant. L'avoir est une réduction hors facture, qui rectifie la somme due par le client. Le dossier client, le bon de garantie, les récapitulatifs d'activité (comptes rendus d'activité journaliers, hebdomadaires et/ou mensuels), les états de frais engendrés par l'activité du commercial, le tableau de bord (document qui récapitule les principaux éléments concernant l'activité du représentant pendant une période donnée et les compare aux objectifs fixés) sont des documents nécessaires dans la phase de suivi de la vente. Le tableau de bord permet de calculer des ratios concernant l'activité du commercial et de suivre les frais. L'analyse de ce tableau de bord permet d'identifier les points forts et points faibles des commerciaux, de repérer les causes des écarts avec les objectifs et de proposer des solutions d'amélioration.

en pratique

ement d'une facture

réduction sur une marchandise non-conforme à la commande, marchan-
mmagée, de fin de série ou pour retard à la livraison.
réduction accordée en raison de la quantité vendue, de la fidélité du
dans le cadre d'une opération promotionnelle.
e : réduction accordée en fin d'année selon les quantités annuelles com-
destinée à fidéliser les clients.

ductions	(TTC)	Majorations
	Quantité × prix unitaire HT	
– rabais – remise – ristourne	= montant brut HT	
– escompte	= montant net commercial	
	= montant net financier	+ frais de transport
	= montant net HT	+ TVA
	= montant net à payer	

Exemple de calculs en cascade

Vous vendez des casques de moto. Vous établissez une facture pour votre revendeur Moto Expert qui vous a passé une commande :

– 5 casques Shark RSF à 175 € HT ;
– 4 casques Shark Pro à 245 € HT.

Vous pratiquez une remise de 10 % et un escompte de 2 % pour paiement comptant.

Total HT= 5 × 175 + 4 × 245 =	1 855 € HT
Remise 10 % =	– 185,50
Net commercial =	1 669,50
Escompte 2 % =	– 33,39
Net financier =	1 636,11
TVA 19,60 % =	+ 320,68
Net à payer TTC =	1 956,79 € TTC

48 La fidélisation

Dès que l'entreprise offre des produits ou services dont l'achat peut être renouvelé, elle se doit de créer une relation durable avec ses clients, tout en s'assurant que ses programmes de fidélisation sont rentables.

1 Pourquoi fidéliser ?

De plus en plus d'entreprises mettent au point des programmes de gestion de la relation client (GRC) ou *Customer Relationship Management* (CRM). La GRC est définie comme une démarche visant à mieux connaître et satisfaire les clients, en leur apportant une réponse personnalisée. Bien connaître ses clients permet d'adapter les efforts de l'entreprise pour les fidéliser. La fidélisation réduit le taux d'attrition (taux de perte de clients).

2 Comment mesurer la satisfaction de la clientèle ?

Des enquêtes de satisfaction sont menées à un rythme régulier mais espacé (au maximum, deux fois par an). Ces questionnaires doivent d'une part quantifier des éléments déterminants de la relation client en proposant, par exemple, aux clients de noter leur degré de satisfaction sur une échelle. Ils doivent d'autre part qualifier les problèmes particuliers ou les suggestions en proposant des questions ouvertes.

Avant de mettre en place un programme de fidélisation, l'entreprise doit aussi établir une hiérarchie de ses clients, à partir par exemple de la méthode des 20/80 (loi de Pareto : 20 % des clients représentent 80 % du CA de l'entreprise) ou la méthode ABC (catégorie A : les gros clients ; catégorie B : les moyens clients ; catégorie C : les petits clients).

3 Quelles sont les techniques de fidélisation ?

- Le SAV est un élément déterminant de la politique de fidélisation.
- Le suivi client par téléphone, courrier, e-mail, fax, visite…
- Les événements commerciaux : animations, salons, portes ouvertes.
- Les clubs de clients : réservés aux clients à fort potentiel.
- Les magazines de consommateurs : lettres ou journaux d'information (newsletters, consumer magazines).
- Les cartes de fidélité qui donnent droit à des services réservés, des opérations spéciales.
- Le site Internet de l'entreprise.

en pratique

Quel est le coût de la fidélisation ?

La société Praticburo diffuse du mobilier de bureau auprès des entreprises et collectivités. La fidélisation des clients est un élément important de la politique commerciale de l'entreprise d'autant plus qu'elle constate depuis quelques années un taux d'attrition important. Elle a récemment mené une étude statistique de sa clientèle ainsi qu'une enquête de satisfaction. L'enquête statistique a révélé que 20 % des clients représentent 77 % du CA et sont donc des clients à privilégier. Or l'étude de satisfaction a montré que de nombreux clients se plaignaient du SAV de l'entreprise. Elle a donc décidé de prendre des mesures : embauche de personnel au SAV, formation du personnel en place, enquête de satisfaction régulière, carte de fidélité pour les 50 clients représentant la plus forte partie du CA, avec des offres promotionnelles deux fois par an.

Calculez le coût de ce plan de fidélisation pour la première année, en tenant compte des éléments suivants :

- Deux nouveaux salariés au SAV : salaire mensuel 1 200 € avec 13e mois et charges patronales représentant 50 % du salaire.
- Deux jours de formation pour les cinq salariés du SAV : coût de la formation, 350 € par personne.
- Enquête de satisfaction par téléphone auprès de 100 clients deux fois par an : durée moyenne d'un appel 5 min ; coût d'un appel : 0,03 € la min.
- Carte de fidélité : conception, impression, expédition = 3 € par carte. Offres promotionnelles estimées en moyenne à environ 150 € par client et par an.

Coût des salariés	2 × (1 200 × 13 × 1,5)	46 800
Coût de la formation	5 × 350	1 750
Coût de l'enquête	2 × 100 × 5 × 0,03	30
Coût de la carte + promotions	(3 + 150) × 50	7 650
Total		**56 230**

Pour les années suivantes, le coût de l'embauche disparaîtra. À terme, Praticburo souhaite créer un club de clients. Les commerciaux auront de plus pour consignes de développer leurs visites de suivi.

49 La rentabilité de l'activité du vendeur

L'activité du commercial engendre de nombreux frais et il est vital que l'entreprise s'assure de la rentabilité de ses activités. La rentabilité consiste à dégager un bénéfice : une opération est rentable quand elle permet de dégager un chiffre d'affaires supérieur aux coûts qu'elle entraîne.

1 La rentabilité des actions commerciales

• La prospection : rentabilité des visites terrain, des actions de prospection téléphonique, par courrier ou tout type de prospection.

• La vente : la marge commerciale est la différence entre le chiffre d'affaires du client et le coût de revient (dans le cas d'une entreprise de production) ou le coût d'achat (dans le cas d'une entreprise commerciale). Les remises accordées à ses clients viennent diminuer sa marge. Le commercial doit tenir compte du nombre de visites qui ont été nécessaires pour l'obtention du bon de commande.

• Le suivi et la fidélisation : un bon suivi, auprès des clients offrant le meilleur potentiel, et sans multiplier le nombre de visites inutiles, doit permettre de maximiser le profit.

Au niveau de la direction commerciale et mercatique, la rentabilité s'étudie sur les domaines de la communication (campagnes de publicité, opérations de promotion…), de la rémunération (systèmes de rémunération adaptés…) et de la fidélisation.

2 Les coûts directs et indirects

Les **coûts directs** représentent toutes les charges que l'on peut imputer directement à l'activité du commercial :

– le salaire augmenté des charges sociales patronales ;

– les frais de vie (frais de déplacement, de péage, de restauration, d'hébergement…) ;

– les coûts de formation ;

– les frais correspondant au matériel nécessaire à la vente (téléphone, PDA, ordinateur, connexion ADSL…).

Les **coûts indirects** concernent les coûts qui ne sont pas directement imputables au commercial, mais nécessaires à la poursuite de son activité : quote-part des coûts d'encadrement, du personnel d'assistance commerciale, logistique, les coûts de fonctionnement…

La rentabilité d'une visite

Le directeur commercial de la société Gourmeton souhaite que ses vendeurs prennent conscience de l'importance pour l'entreprise du coût d'une visite client.

1. Calculez ce que représente en moyenne le coût d'un représentant pour l'entreprise sur un mois (= 4 semaines).
2. Calculez les ratios suivants :
– coût moyen d'une visite client (en €) ;
– rapport entre le coût d'une visite et la marge qu'elle dégage (en %).
3. Comparez ce dernier ratio à celui de la profession et tirez-en les conséquences quant à l'organisation de l'activité des représentants de la société.

Système de rémunération
- Fixe : 1 000 €
- Commission : 3 % sur le CA

Données moyennes relatives à l'activité d'un représentant
- Nombre de visites par semaine : 20
- Chiffre d'affaires HT : 50 000 €/mois
- Marge commerciale : 25 % du CA
- Charges sociales patronales : 40 % du salaire brut
- Frais de déplacement : 330 €/semaine

Données relatives à la profession
- Coût moyen d'une visite en pourcentage de la marge : ratio de la profession ; coût d'une visite/marge moyenne d'une visite = 18 %

Question 1 : calculez le coût du représentant
Fixe : 1 000 € ; commission = 50 000 € × 3% = 1 500 €. Total = 2 500 €
Charges : 2 500 € × 40 % = 1 000 €. Total salaire + charges = 3 500 €
Frais de déplacement = 330 € × 4 = 1 320 €. **Total coût = 4 820 €**

Question 2 : calculez le coût moyen d'une visite client
4 820 €/80= 60,25 €
La marge commerciale est de = 50 000 € × 25 % = 12 500 € ; la marge moyenne par visite : 12 500/80=156,25 €. Le ratio est de = 60,25/156,25 = 38,56 %.
Le ratio du représentant de la société Gourmeton est largement supérieur à celui de la profession. Il faudrait donc qu'il baisse ses frais de déplacement hebdomadaires ou réussisse à augmenter sa marge commerciale.

TEST n° 6

Le suivi et la fidélisation

Pour répondre à ce test, cochez ☺ (vrai) ou ☹ (faux)

	Vrai ☺	Faux ☹
1. Les documents commerciaux et de suivi		
a) La fiche prospect et fiche client comportent les mêmes informations.	☐	☐
b) Le devis est obligatoire dans toute transaction commerciale.	☐	☐
c) Si le devis est accepté et signé par le client, il a la même valeur qu'un contrat.	☐	☐
d) La facture peut ne pas comporter la TVA.	☐	☐
e) Un escompte est une réduction à caractère commercial.	☐	☐
f) Le franco de port est utilisé quand c'est le client qui paie le port à la livraison.	☐	☐
g) Une remise est une réduction sur une marchandise non conforme à la commande, marchandise endommagée, de fin de série ou pour retard à la livraison.	☐	☐
2. La fidélisation		
a) Le taux d'attrition représente le pourcentage de clients qui continuent à être fidèles à une entreprise.	☐	☐
b) La gestion de la relation client (GRC) ou *Customer Relationship Management* (CRM) est un programme qui vise à améliorer la prospection dans une entreprise.	☐	☐
c) Un baromètre de satisfaction est une action de fidélisation visant à améliorer la satisfaction des clients.	☐	☐

	Vrai ☺	Faux ☹
d) La loi de Pareto ou loi des 20/80 permet de distinguer les clients à fidéliser en priorité.	☐	☐
e) La méthode ABC est une méthode qui permet de classer les clients en deux catégories : petits et gros clients.	☐	☐
f) Les clubs de clients peuvent être ouverts à tous les clients d'une entreprise sans distinction.	☐	☐
3. **La rentabilité de l'activité du vendeur**		
a) Dans le calcul de la rentabilité de l'activité du commercial, peu importe le nombre de visites qu'il a dû faire pour récupérer une commande.	☐	☐
b) Le salaire des commerciaux fait partie des charges indirectes pour une entreprise.	☐	☐
c) Les frais de vie du commercial sont un élément important de la rentabilité de son activité.	☐	☐
d) Le tableau de bord est un document nécessairement individuel.	☐	☐
e) Il ne comporte que des éléments de suivi du chiffre d'affaires.	☐	☐
f) Le tableau de bord de l'équipe commerciale permet de comparer les résultats des vendeurs entre eux et avec les objectifs fixés.	☐	☐

Corrigés des tests

Corrigés des tests

TEST 1 : LA FORCE DE VENTE

1. **Les méthodes de vente**

a) ☹ Il s'agit de vente à domicile, vente par représentant.
b) ☺
c) ☹ Les télévendeurs peuvent très bien avoir une clientèle de professionnels.
d) ☺
e) ☺ Exemple : vendre par vente traditionnelle en magasin et en même temps par internet.

2. **La fonction commerciale dans l'entreprise**

a) ☹ Un seul intermédiaire : le détaillant.
b) ☺ La force de vente peut aussi inclure l'administration commerciale.
c) ☹ Il s'agit d'une force de vente externe ou déléguée.
d) ☹ Il s'agit d'un découpage en fonction de la catégorie de clients (exemple : particuliers/professionnels).
e) ☹ Il s'agit de vente itinérante. Ceux qui font de la vente sédentaire sont ceux qui travaillent chez le revendeur.

3. **L'équipe commerciale**

a) ☹
b) ☹
c) ☹ Statut d'indépendant.
d) ☺ ☹ Il est aussi du ressort des commerciaux, qui sont sur le terrain.
e) ☹ Il s'agit du nombre « idéal », le plus adapté possible à l'activité de l'entreprise (nombre de clients, fréquence de visite, surface à couvrir…).
f) ☺ Les temps de déplacements sont importants dans le calcul de la taille optimale, donc la surface de la zone à couvrir.

4. **Le recrutement des commerciaux**

a) ☹ De nombreuses autres raisons peuvent amener à recruter : licenciements, démissions, nouvelles compétences nécessaires…
b) ☺
c) ☹ Il s'agit de tester les compétences du candidat par une mise en situation concrète.
d) ☹ Il s'agit de recrutement par l'intermédiaire d'un commercial déjà en poste qui présente un candidat.
e) ☺

5. **La formation**

a) ☹ Un commercial peut avoir besoin tout au long de sa carrière de remise à niveau dans les techniques de vente.
b) ☹ Il s'agit alors formation inter entreprises.

6. **L'organisation des secteurs**

a) ☹ Dans le cas de la prospection directe, le plan de tournée aidera le commercial à gérer ses déplacements, à gérer des prises de rdv dans le cas de la prospection téléphonique.
b) ☺ Il permet de pouvoir savoir où se trouve le commercial pour pouvoir éventuellement le faire se déplacer sur une urgence.
c) ☹ Elle entraîne beaucoup de déplacements autour d'un point central.

6. **La fixation des objectifs**

a) ☹ Ils peuvent être d'ordre qualitatifs.
b) ☺
c) ☺ Dans ce cas, ils poussent le commercial à éviter de faire trop de remises à ses clients.
d) ☹ Un ratio peut être exprimé en € (x € par commande), en km (y km par visite)…
e) ☺ Il permet aussi de les comparer à un objectif fixé à tous.
f) ☺ Elle permet de repérer les écarts par rapports aux objectifs, donc de discerner les lacunes et de proposer des formations.
g) ☺ L'entreprise paie des charges patronales sur les salaires des commerciaux, cc qui influe bien sûr sur le coût de leurs visites.

7. **La rémunération**

a) ☹ Il s'agit d'un élément de la motivation,

car c'est un élément stratégique qui joue sur le long terme.

b) ☹ Un commercial peut très bien n'avoir qu'un fixe, ou à contrario n'avoir que des commissions, ou encore avoir fixe + prime + commissions.

c) ☹ Elle peut être aussi calculée sur la marge.

d) ☺ Elle peut par exemple varier selon le pourcentage de dépassement de l'objectif.

e) ☹ Ils ne constituent pas un élément de rémunération.

8. La motivation et la stimulation

a) ☹ Motivation = impact sur le long terme.
Stimulation = impact sur le court terme.

b) ☹ Il peut s'agir de cadeaux, de voyages,

TEST 2 : LA MERCATIQUE

1. La démarche mercatique

a) ☹

b) ☺

c) ☹ C'est dans la demande.

d) ☺

e) ☺

2. Les études documentaires

a) ☺

b) ☺

c) ☹ Car elles existent déjà.

d) ☺

e) ☺ ☹ Pas seulement.

3. Les études sur le terrain

a) ☺

b) ☹ À la question *Comment ?*

c) ☺

d) ☺

e) ☹ Il fait partie des enquêtes qualitatives.

4. La clientèle

a) ☺

b) ☹ Aux produits banaux.

c) ☺ Ou des mobiles.

d) ☹ Pas seulement : ce sont aussi les risques et les inhibitions.

e) ☺

5. Les produits : biens et services

a) ☺

b) ☹ Commerciale voire technique.

c) ☺

d) ☺

e) ☹ Beaucoup de produits dans la ligne.

f) ☹ Elle peut être suivie de la phase de relance.

6. Le prix

a) ☺

b) ☺

c) ☺ Quel est le prix à partir duquel vous jugez le produit trop cher ?
Quel est le prix à partir duquel vous jugez le produit de qualité insuffisante ?

d) ☹ C'est seulement celui qui donne le nombre d'acheteurs maximum.

e) ☺

f) ☹ Ce sont deux méthodes différentes.

7. La communication

a) ☹ C'est de la communication institutionnelle.

b) ☺

c) ☺

d) ☺

e) ☹ Elle parle de l'entreprise (= l'institution).

f) ☺

8. La distribution

a) ☺

b) ☹ Ce sont deux concepts différents.

c) ☺

d) ☹ Ce n'est pas une question de distance mais du nombre d'intermédiaires.

e) ☺

f) ☺

Corrigés des tests

TEST 3 : LA PROSPECTION

1. **Les stratégies de prospection**

a) ☺
b) ☺
c) ☹ Il s'agit du non-consommateur relatif.
d) ☹ Là il s'agit déjà d'un client ; le prospect chaud a accepté un devis et il y a de fortes probabilités pour qu'il signe la commande.
e) ☺

2. **Les techniques de prospection**

a) ☹ Très peu de particuliers sont équipés de fax. La cible prioritaire est donc les entreprises.
b) ☺ L'entreprise récupère ainsi des contacts sans faire de prospection ; les seuls coûts sont les cadeaux ou remises accordés aux parrains et filleuls.
c) ☹ Les entreprises qui mettent leur carte dans un bus mailing doivent s'adresser à la même cible de clientèle que les autres annonceurs.

3. **Le choix d'une cible**

a) ☹ Le commercial peut faire lui-même une segmentation dans son portefeuille clients, à partir de critères judicieux pour son activité.
b) ☹ Il s'agit d'un critère sociodémographique.
c) ☹ Il s'agit d'un critère psychographique.
d) ☺ 1 produit = 1 programme pour un seul segment.
e) ☹ Il y a des critères communs mais certains ne sont pas utilisables pour les deux catégories (exemples : sexe, âge, PCS...).

4. **La constitution du fichier**

a) ☹ Un fichier peut aussi être constitué avec des prospects.
b) ☹ La loi protège les personnes des dangers liés aux fichiers et aux traitements informatiques.
c) ☹ Il existe de nombreuses sociétés louant ou vendant des fichiers.

5. **La prospection téléphonique**

a) ☺ Le phoning doit être préparé : trame, outils, préparation psychologique.
b) ☹ Contact, raison de l'appel, objectif, conclusion.
c) ☹ Il permet d'évaluer la capacité à conclure. La prise de contact serait plutôt évaluée par le nombre de rdv/le nombre d'appels.
d) ☹ Il faut bien sûr répertorier toutes les objections possibles et préparer des réponses.

6. **Le courrier adressé**

a) ☹ Il peut tout aussi bien s'utiliser en B to B.
b) ☹ Il comporte plus d'éléments assez coûteux : le courrier, les documents publicitaires, l'enveloppe T, l'affranchissement.
c) ☺ Réglementation de la publicité par voie électronique (e-mailing, fax mailing, SMS-mailing et automates d'appels) : loi sur la confiance dans l'économie numérique, juin 2004.
Principe du *opt-in*, *opt-out* : déclaration express d'accord (*opt-in*) ou de désaccord (*opt-out*) pour continuer à recevoir des courriels publicitaires.
Toute publicité par voie électronique doit légalement permettre au récepteur du message d'être rayé de la liste d'envoi.

7. **Le couponing – l'imprimé sans adresse**

a) ☺
b) ☹ L'argumentation développée doit « vendre » l'intérêt à retourner le coupon avant de vendre le produit.
c) ☺ Les ISA peuvent être distribués par une filiale de la poste (Médiapost) ou par d'autres prestataires.

8. **Les manifestations commerciales**

a) ☺ Mais seulement à partir du moment où l'information est diffusée en dehors du fichier client de l'entreprise (radio, presse, ISA...).
b) ☺ Un jeu-concours permet d'attirer des prospects grâce aux lots offerts et per-

met donc d'enrichir votre fichier. Le risque étant quand même de n'attirer que des gens intéressés seulement par les cadeaux.

c) ☹ Ce sont au contraire de bons emplacements car visibles des deux allées.

9. **La prospection directe**

a) ☹ Il est préférable de faire de la prospection directe dans le cas de produits simples à vendre, produits plutôt basiques.

b) ☹ En prospection directe, le prospect ne vous attend pas et n'a pas nécessairement

TEST 4 : LA COMMUNICATION

1. **Les principes généraux de la communication**

a) ☺

b) ☹ Le message retour ou feed back revient du récepteur vers l'émetteur.

c) ☹ Le code est le langage, le canal est l'ensemble des moyens de transmission.

d) ☹ C'est la responsabilité de l'émetteur.

e) ☺

2. **La communication orale, interpersonnelle et de groupe**

a) ☹ C'est une communication de groupe.

b) ☺

c) ☺

d) ☺

e) ☺

3. **La PNL**

a) ☺

b) ☹ Il privilégie les sensations et les émotions.

c) ☺

d) ☹ C'est l'auditif.

e) ☺

4. **L'analyse transactionnelle**

a) ☹ Ils cohabitent à tout âge à partir de 12 ans.

b) ☹ Non ! parent, enfant, adulte.

c) ☺

d) ☹ Jamais pour l'inconditionnel négatif !

e) ☹ Son stroke se rapporte à une situation donnée (= conditionnel).

5. **La communication écrite interne**

a) ☺

b) ☹ C'est le rapport d'activité.

c) ☺

d) ☹ C'est la note de synthèse.

e) ☺

f) ☺ Mais elles sont souvent plus simples que dans un courrier.

6. **La communication écrite externe**

a) ☺

b) ☺

c) ☹ Attention et action.

d) ☹ En haut à droite.

e) ☺

7. **Les situations de communication visuelle**

a) ☹ Cela dépend de l'objectif.

b) ☹ Ils ne sont qu'un soutien.

c) ☺

d) ☹ Il faut sélectionner les supports pertinents.

e) ☺

8. **Les stratégies de communication visuelle**

a) ☺

b) ☹ Seulement les mots clés.

c) ☺

d) ☺

e) ☺

Corrigés des tests

TEST 5 : LA NÉGOCIATION

1. **La prise de contact**

a) ☹ C'est trop tôt à ce stade.
b) ☺
c) ☹ Le vendeur doit montrer qu'il est confiant.
d) ☹ Il faut toujours vérifier qu'on est face au bon interlocuteur.
e) ☺
f) ☺ Cette phase conditionne le climat de l'entretien.

2. **La découverte**

a) ☺
b) ☹ Nous devons connaître notre client pour nous y adapter.
c) ☹ Cela risque de faire interrogatoire et de nous faire passer à côté d'informations importantes = perte de temps.
d) ☺
e) ☹ Il est important d'en savoir plus sur notre client.
f) ☺

3. **L'argumentation**

a) ☺ Elle se fera selon la structure CAP.
b) ☹ Les points forts et les avantages généraux doivent être préparés.
c) ☺
d) ☺ Le client a besoin d'éléments concrets et vérifiables.
e) ☹ Il doit d'abord découvrir son client.
f) ☺

4. **Le traitement des objections**

a) ☹ Au contraire, c'est une marque d'intérêt. Le client veut des informations.
b) ☹ L'objection doit être exprimée en totalité et clarifiée.
c) ☺
d) ☹ Au contraire, il faut rétablir la vérité.
e) ☺ Une attitude positive favorise l'accord.
f) ☺

5. **Le traitement du prix**

a) ☹ Il faut que le client ait pris conscience de la valeur du produit.
b) ☺
c) ☹ Elle rassure le client lorsqu'elle est favorable.
d) ☺
e) ☺ Il est justifié
f) ☹ Il n'est pas question de marchandage.

6. **La négociation commerciale**

a) ☹ Cela peut être pour des raisons de budget.
b) ☹ Elle est calculée par rapport au CA réalisé.
c) ☺
d) ☹ C'est une question de confiance et de sérieux.
e) ☺
f) ☺

7. **La conclusion et la prise de congé**

a) ☺ Le signal nous informe de l'intérêt porté par le client.
b) ☹ Pour conclure, il ne doit plus rester d'objection majeure.
c) ☺
d) ☹ Même si le produit n'est pas adapté pour lui, il peut convenir à une de ses relations.

TEST 6 : LE SUIVI ET LA FIDÉLISATION DE LA CLIENTÈLE

1. **Les documents commerciaux et de suivi**

a) ☹ La fiche client comporte toutes les infos relatives à l'historique des relations et des commandes.

b) ☹ Il est établi lorsque le contrat nécessite une description des opérations à réaliser par le fournisseur ou lorsque le client ne peut pas voir le produit au moment de la transaction.

c) ☺

d) ☹ Elle doit faire apparaître clairement la TVA.

e) ☹ C'est une réduction à caractère financier, pratiquée pour paiement comptant.

f) ☹ Le port n'est pas payé par le client (il est en fait intégré dans le prix du produit).

g) ☹ Il s'agit d'un rabais.

2. **La fidélisation**

a) ☹ Il s'agit du pourcentage de perte de clients.

b) ☹ Il s'agit d'une démarche de fidélisation, visant à mieux connaître et satisfaire les clients, en leur apportant une réponse personnalisée.

c) ☹ Il s'agit d'une enquête permettant de connaître le degré de satisfaction des clients.

d) ☺ Elle permet de repérer les 20 % de clients qui font 80 % du chiffre d'affaires.

e) ☹ Elle distingue trois catégories : les petits, moyens et gros clients.

f) ☹ Il vaut mieux réserver les clubs de clients aux clients qui ont le meilleur potentiel et les meilleurs CA.

2. **La rentabilité de l'activité du vendeur**

a) ☹ Le nombre de visites effectuées augmente le coût de la commande et le commercial doit absolument le prendre en compte.

b) ☹ Il fait partie des charges directes.

c) ☺ Ils sont un élément important du coût d'un commercial.

d) ☹ Le tableau de bord peut aussi être conçu pour l'ensemble d'une équipe commerciale.

e) ☹ Il peut aussi comporter des éléments de suivi de la marge, des commandes, de l'activité, des frais.

f) ☺ Il permet de repérer les écarts entre les commerciaux et avec les objectifs fixés.

La préparation aux épreuves d'examen

1. L'épreuve scientifique et technique : E1A1 Préparation et suivi de l'activité commerciale

- Définition de l'épreuve (forme de l'épreuve, objectifs, contenus, critères d'évaluation).
- Conseils pour aborder l'épreuve.

2. L'épreuve de négociation-vente : épreuve E2

- Définition de l'épreuve (forme de l'épreuve, objectifs, contenus, critères d'évaluation).
- Dossier support de l'épreuve : composition, conseils de réalisation, exemple.
- Déroulement de l'épreuve.
- Conseils pour aborder l'épreuve.

3. Le projet de prospection : épreuve E3B3

- Définition de l'épreuve (forme de l'épreuve, objectifs, contenus, critères d'évaluation).
- Dossier de synthèse présentant le montage du projet : composition, conseils, exemple.
- Déroulement de l'épreuve de soutenance.
- Élaboration des supports pour la soutenance : conseils, exemple.
- Conseils pour aborder l'épreuve : structure, communication, gestion des supports.

1. L'épreuve scientifique et technique E1A1 Préparation et suivi de l'activité commerciale

1. Définition des épreuves

E1 - Épreuve scientifique et technique **Coefficient 5**	**U11, U12, U13**

• Finalités et objectifs

Cette épreuve vise à apprécier l'aptitude du candidat à mobiliser ses compétences et ses connaissances en vue de l'analyse de situations à caractère professionnel et de la résolution de problèmes liés à l'exercice de la profession.

• Contenu

Cette épreuve comporte trois sous-épreuves :
A1 - Préparation et suivi de l'activité commerciale
B1 - Economie et Droit
C1 - Mathématiques
Nous développerons ici uniquement la sous-épreuve U11 (A1).

Sous-épreuve A1 : Préparation et suivi de l'activité commerciale **Coefficient 3**	**U11**

• Objectif

Cette sous-épreuve vise à évaluer la maîtrise des techniques mises en œuvre dans l'exercice de la profession, en vue de la résolution de problèmes d'ordre professionnel.

• Contenu

Compétences et savoirs associés de l'unité U11 « Préparation et suivi de l'activité commerciale »
Compétences : Prospecter : C12 - C14 - C151 - Suivre et fidéliser la clientèle : C34 - C35 - C361
Savoirs associés : Prospection et suivi de clientèle : S1 Mercatique.

• Critères d'évaluation

- Qualité de l'expression écrite et de la présentation des travaux.
- Maîtrise des techniques.
- Pertinence des choix et des solutions proposées.
- Exactitude des résultats.
- Respect des consignes.

- **Forme de l'évaluation**

Ponctuelle écrite - durée : 3 heures

Plusieurs problèmes liés à l'exercice de la profession, éventuellement accompagnés d'une documentation, sont proposés au candidat en vue :
- de leur analyse ;
- de leur résolution.

Ces problèmes sont relatifs :
- à la connaissance du marché, de l'entreprise, de la clientèle ;
- à l'organisation d'une opération de prospection, à la mesure de son efficacité ;
- à la présentation d'offres commerciales,
- à la fidélisation de la clientèle ;
- au suivi de l'activité et des résultats du vendeur ;
- à la prise en compte des contraintes économiques et juridiques dans l'activité professionnelle.

Contrôle en cours de formation (CCF)

Le contrôle en cours de formation comporte trois situations d'évaluation d'égale importance, organisées par l'équipe enseignante. Elles se situent au cours de l'année de terminale. Leur degré d'exigence est équivalent à celui requis dans le cadre de l'évaluation ponctuelle correspondante. Elles donnent lieu à une production écrite du candidat.

Chaque situation d'évaluation prend la forme d'une « situation problème » liée à l'exercice de la profession, éventuellement accompagnée d'une documentation et proposée au candidat en vue de son analyse et de sa résolution.

Ces « situations problèmes » sont les mêmes que pour l'épreuve ponctuelle.

À l'issue de chaque situation d'évaluation, l'équipe pédagogique de l'établissement de formation constituera pour chaque candidat un dossier comprenant :
- l'ensemble des documents remis au candidat (sujets, documents annexes) pour effectuer le travail demandé pendant la situation d'évaluation, les documents rédigés par le candidat durant l'évaluation ;
- une fiche d'analyse du travail effectué par le candidat, rédigée par l'équipe pédagogique en terme de comparaison entre ce qui a été réalisé par le candidat et ce qui était attendu (barèmes détaillés et critères d'évaluation).

Seule cette fiche d'analyse sera transmise au jury, accompagnée de la proposition de note. Les autres éléments du dossier décrits ci-dessus seront mis à la disposition du jury, qui pourra demander à en avoir communication, et de l'autorité rectorale pour la session considérée et jusqu'à la session suivante.

Après examen attentif des documents fournis, le cas échéant, le jury formulera toutes les remarques et observations qu'il jugera utiles et arrêtera la note.

2. Conseils pour aborder l'épreuve ponctuelle

- Munissez-vous de tout le matériel indispensable et vérifiez le fonctionnement de votre calculatrice.
- Lisez attentivement toutes les questions, avant de commencer la lecture des documents, et ce pour chaque partie.
- Essayez d'évaluer le temps nécessaire pour chaque partie.
- Gardez en tête les questions posées pendant la lecture. Faites attention à la formulation des questions pour bien repérer le type de réponse à apporter (le mot « citer » n'entraîne pas du tout le même type de réponse que le mot « définir »).
- Prenez des notes au fur et à mesure de la lecture ; notez au brouillon toutes vos réponses. Justifiez toutes vos réponses ; détaillez vos calculs. Vérifiez que vous avez traité toutes les parties de chaque question ; essayez de répondre à toutes les questions.
- Recopiez votre travail en soignant la présentation. Indiquez clairement de quelle question il s'agit. Rédigez vos réponses. Mettez en évidence les éléments importants.
- Relisez votre copie avant de la rendre. Vérifiez que vous y avez bien porté votre numéro de candidat, et que vous n'avez pas mis votre nom sur un élément de réponse (exemple : un mailing).

2. E2 - Négociation - Vente U2 – Coefficient 4

1. Définition de l'épreuve (extrait du référentiel)

- **Objectifs**

Cette épreuve orale et pratique vise à apprécier la maîtrise par le candidat des techniques de vente et son aptitude à mener une négociation.

- **Contenu**

Les compétences et savoirs associés de l'unité U2 « Négociation - Vente » sont les suivants :
– compétences : Négocier, C2 ;
– savoirs associés : Communication – Négociation, S2 – Mercatique, S4.4. L'entreprise et son marché.

- **Critères d'évaluation**

• Qualité de l'expression orale.
• Qualité de la communication professionnelle dans une situation négociation – vente.
• Aptitude à mettre en œuvre des techniques de négociation adaptées à une situation donnée.
• Pertinence et rigueur de l'analyse de la négociation.

- **Forme de l'évaluation**

Ponctuelle : évaluation orale et pratique d'une durée de 40 minutes maximum, précédée d'un temps de préparation de 30 minutes. Le support de cette épreuve est constitué par le dossier « produits - entreprises – marchés » réalisé par le candidat et prenant appui sur sa formation en entreprise ou sur son activité professionnelle.

2. Le dossier « produits-entreprises-marchés »

Composition du dossier (extrait du référentiel)

Le dossier de 8 à 10 pages maximum, sur support papier, est élaboré à l'aide de l'outil informatique. Il peut être accompagné de quelques annexes si celles-ci éclairent le dossier proprement dit.

Il comporte deux parties :
– une partie relative à une ou deux entreprises retenues par le candidat comme support de l'épreuve. Cette partie de deux pages maximum par entreprise présente les principales caractéristiques de l'entreprise et de son marché : identification de l'entreprise, importance économique, localisation géographique, clientèle, produits vendus, méthodes de vente, concurrence ;

– une partie comprenant trois fiches. Chaque fiche, de deux pages maximum, décrit une situation de négociation-vente qui s'appuie sur les expériences professionnelles du candidat dans la ou les entreprises présentées dans la partie précédente. Elle précise :

- le contexte de la situation de négociation-vente (prospection, vente de renouvellement, nouveau client, vente sur foire ou salon…) ;
- le type de clients concernés (utilisateur, payeur, prescripteur, revendeur, professionnel, particulier…) ;
- la gamme ou la ligne de produits et/ou services proposée(s) par l'entreprise et susceptible(s) de convenir.

Les trois situations décrites doivent être nettement différenciées, et permettre à la commission d'interrogation de disposer de plusieurs contextes, de plusieurs types de clients et de plusieurs gammes ou lignes de produits ou services.

Nota : le dossier ne fait pas l'objet d'une évaluation. En l'absence totale du dossier, l'interrogation ne peut avoir lieu et la note zéro est attribuée au candidat qui en est informé par la commission d'interrogation. Si le dossier est incomplet, le candidat est interrogé et une note lui est attribuée. Si le dossier est non conforme, une pénalité est appliquée sur la note finale.

3. Le déroulement de l'épreuve

La commission d'interrogation est composée de deux personnes : un professeur de vente et si possible un professionnel de la vente (à défaut deux professeurs de vente). Elle remet au candidat un document de cadrage de la négociation-vente qu'il devra simuler.

Celui-ci est obligatoirement établi à partir du dossier remis par le candidat, il précise :
– la situation de négociation-vente. Exemples : vente de face-à-face dans le cadre d'une première visite ou d'un renouvellement, vente par téléphone dans le cadre d'une proposition de services ou d'une offre promotionnelle ;
– le ou les objectifs à atteindre au cours de la négociation-vente.

L'épreuve comporte deux phases successives

- **Simulation d'une négociation-vente** ; durée : 20 minutes maximum

Elle repose sur la situation de négociation-vente fournie par la commission d'interrogation. Le candidat joue le rôle du vendeur et un membre de la commission joue le rôle de l'acheteur. Le second membre du jury est observateur et prend des notes pour faciliter l'analyse par le candidat lors de l'entretien.

- **Entretien avec la commission d'interrogation** – durée : 20 minutes maximum

Il se déroule dans le prolongement de la première phase. Il prend appui sur le dossier « produits – entreprises – marchés » fourni par le candidat et sur la simulation de négociation-vente et porte sur :
– l'auto-analyse par le candidat de sa simulation ;
– les techniques de vente mises en œuvre pendant la simulation ;
– la cohérence de la démarche, des objectifs fixés, de l'argumentation avec la stratégie de l'entreprise.

NB : il s'agit d'un échange. Le jury doit faciliter l'analyse en posant des questions.

Exemple de situation :

Baccalauréat professionnel vente	**E2 - Négociation - Vente** **Coefficient 4**

Temps de préparation : 30 minutes ; durée de l'épreuve : 40 minutes maximum

1. Simulation d'une négociation-vente : 20 minutes maximum	2. Entretien avec le jury : 20 minutes maximum
Académie de : Centre d'interrogation :	Session : Nom du candidat :

Document candidat
Cadrage de la situation de négociation-vente

– Contexte de la situation de négociation-vente à partir du dossier « produits-entreprises-marchés »

- **Identification de l'entreprise :** Natalex
- **Localisation géographique :** Nantes
- **Clientèle :** bijoutiers, horlogers
- **Produits vendus :** gamme de bijoux en ambre : colliers, bracelets, bagues

– Situation de négociation-vente

- **Contexte de la situation :**
  Vous venez de rendre visite à un de vos clients à Pornic et avez un peu de temps pour faire de la prospection directe. Vous entrez sans rendez-vous dans la boutique « Une histoire de fantaisie », magasin d'accessoires de mode et bijoux fantaisie.
- **Type de client concerné :**
  Prospect, professionnel/revendeur
- **Objectif commercial à atteindre :**
  Obtenir le référencement de quelques produits de votre gamme.

Éléments d'évaluation :

Aptitude à mettre en œuvre des techniques de négociation lors de la simulation de négociation-vente	/30 points
Entretien avec la commission	/30 points
Communication	/20 points

4. Conseils pour aborder l'épreuve

Pour le dossier « produits-entreprises-marchés »

Le dossier en lui-même ne fait pas l'objet d'une évaluation mais, s'il n'est pas conforme, il peut entraîner une pénalisation lors de l'oral : -20 points sur 80 par élément manquant (présentation de l'entreprise ou fiche de négociation).

La commission peut également pénaliser le candidat dans la limite de 40 points sur 80 pour des situations non différenciées.

Il faut donc veiller à varier les contextes avec des situations différentes :

- une prospection directe ;
- une prospection téléphonique ;
- une vente face-à-face (avec ou sans rendez-vous) ;
- une vente par téléphone ;
- un rendez-vous de suivi pour vente complémentaire ou traitement d'un litige ;
- une vente sur salon ;
- une animation en galerie commerciale.

Il peut aussi y avoir des typologies de clientèle différentes :

- professionnels ;
- particuliers ;
- prescripteurs.

Et enfin bien sûr des gammes de produits différentes. Si vous proposez toujours la même gamme de produits à la même clientèle en prospection, même si le client achète à chaque fois un produit différent dans la gamme, cela ne pourra être considéré comme différencié.

Il est important d'apporter le plus de précision possible

Afin de faciliter la mise en situation et de la rendre la plus proche possible de la réalité, il est nécessaire d'apporter au jury des éléments concrets : les niveaux de prix (pour permettre au jury de se fixer un budget cohérent), le positionnement et la place par rapport aux concurrents, et lorsque le produit est très technique une explication claire et un glossaire peuvent se rendre utiles.
Vous pouvez mettre en annexe des éléments qui aideront le jury à créer une quatrième situation : une invitation à une journée « Portes ouvertes », un mailing promotionnel suite auxquels vous allez être amené à rencontrer votre client.

Pour l'épreuve

1. La préparation

La meilleure des préparations est bien sûr la simulation orale avec votre professeur, votre tuteur en entreprise, vos camarades de classe. Mais pour cela il faut une préparation sérieuse du dossier et des documents, une connaissance approfondie des produits, de leur marché.

Une bonne préparation donne confiance et limite le stress

- Préparez votre dossier : interrogez votre tuteur chaque fois que vous avez un doute sur les prix, les conditions de vente, le SAV, les caractéristiques techniques ou commerciales du produit, les quantités, les habitudes de la clientèle, les plus par rapport aux concurrents…
- Préparez votre matériel : bloc-note, crayon, calculatrice, agenda, documents d'entreprise, échantillon, carte de visite.
- Préparez-vous psychologiquement : partez battant, confiant, avec l'envie de bien faire et de passer un bon moment.
- Préparez-vous physiquement : reposez-vous, détendez-vous, soignez votre tenue.

2. La simulation

Mettez en pratique les techniques de vente et de communication acquises en formation. Écoutez votre interlocuteur. Dirigez l'entretien.
Ne perdez pas de vue votre objectif.
Ayez toujours un regard sur votre montre (20 minutes maximum).

3. L'entretien

Il s'agit ici de prouver vos capacités d'analyse et de garantir votre niveau de connaissances théoriques.
Votre première arme est donc de bien maîtriser votre cours et de montrer que vous savez l'utiliser. N'hésitez pas à utiliser les notes de votre préparation (par exemple pour les techniques de questionnement utilisées dans la découverte, que vous avez préparées pendant les 30 minutes).
Prenez des notes pendant la simulation (notamment sur les attentes du client).

Dans l'entretien :
- resituez le contexte et les objectifs ;
- commentez votre prestation par rapport à l'atteinte ou non des objectifs fixés ;
- montrez ce que vous avez appris de votre client (personnalité, profil, motivations) ;
- présentez les techniques utilisées de la prise de contact à la conclusion de l'entretien.

Le membre du jury qui a joué le rôle de l'observateur a pris des notes pendant la simulation pour vous aider à retrouver les techniques car il est difficile à chaud de se souvenir de tout. C'est un entretien, pas un monologue. Vous serez amené à justifier vos choix et à réfléchir à ce qui aurait pu être amélioré.

Il s'agit d'un échange professionnel :
- regardez votre interlocuteur ;
- soyez à l'écoute pour comprendre ce qu'il veut vous faire dire ;
- évitez les réflexes de défensive ou pire les accusations (c'est mon tuteur, c'est mon prof, ce n'est pas de ma faute !) ;
- enfin, soyez détendu mais pas dilettante, vous êtes évalué sur la communication, restez dans un langage courant voire soutenu.

Si vous connaissez votre cours, votre entreprise, vos produits, vous mettez toutes les chances de votre côté. Reste bien sûr à s'adapter et pour cela le mot clé c'est l'écoute dans la simulation et dans l'entretien.

3. E3 - Épreuve pratique prenant en compte la formation en milieu professionnel U31 - U32 – Coefficient 5

Finalités et objectifs

Cette épreuve vise à apprécier, à partir de sa pratique professionnelle et d'un projet de prospection, les compétences professionnelles acquises par le candidat au cours de son expérience en entreprise. Elle se compose de deux épreuves :

- **Sous-épreuve E31 - Évaluation de la formation en milieu professionnel :** pratique de la prospection, de la négociation, du suivi et de la fidélisation de la clientèle-U31, coefficient 2
- **Sous-épreuve E32 :** projet de prospection U32, coefficient 3

La sous-épreuve E31 -
Évaluation de la formation en milieu professionnel - Coefficient 2

A - Objectif

Cette sous-épreuve vise à apprécier l'acquisition et la maîtrise de compétences et d'attitudes professionnelles mises en œuvre en entreprise par la pratique de la prospection, de la négociation, du suivi et de la fidélisation de la clientèle.

B - Contenu

Les compétences sont liées aux trois axes suivants : prospection (organiser et réaliser une opération), négociation (préparer les visites et réaliser des ventes) et suivi et fidélisation (4 compétences).

C - Critères d'évaluation

Fiabilité du travail, degré d'autonomie, auto-analyse, efficacité, maîtrise des connaissances et des savoir-faire.

D - Formes de l'évaluation

1. Ponctuelle : évaluation orale d'une durée de 30 minutes maximum

Cette épreuve consiste en un entretien sur la pratique professionnelle du candidat à partir d'un dossier professionnel réalisé et présenté par ce candidat.

a) Composition du dossier

Le dossier professionnel comprend :
– **les documents permettant de vérifier la conformité à la réglementation** des périodes de formation en entreprise ;
– **un compte rendu de 8 à 10 pages maximum,** sur support papier élaboré à l'aide de l'outil informatique, des activités réalisées par le candidat lors des périodes de formation en entreprise ou lors de son activité professionnelle.

b) Déroulement de l'épreuve

L'épreuve se déroule selon les deux phases successives suivantes :
– un **exposé par le candidat d'une activité de prospection, de négociation ou de suivi et de fidélisation de la clientèle** – durée : 10 minutes au maximum ;
– un **entretien avec la commission d'interrogation** – durée : 20 minutes maximum.

La commission d'interrogation est composée de deux personnes : un professeur ou formateur de la spécialité et dans la mesure du possible un professionnel de la vente (à défaut deux professeurs ou formateurs de la spécialité).

2. Contrôle en cours de formation

Pour chaque période de formation en milieu professionnel, les objectifs de formation à atteindre par le candidat (compétences, savoirs) sont définis en concertation entre l'équipe pédagogique et les représentants de l'entreprise.
À l'issue de chaque période de formation en milieu professionnel, le candidat est évalué, en entreprise, conjointement par le tuteur de l'entreprise et l'ensemble de l'équipe pédagogique en fonction de l'atteinte de ces objectifs.
Pour chaque candidat, la note finale et l'appréciation proposées au jury sont établies par les professeurs de la spécialité, membres de l'équipe pédagogique. Elles sont la synthèse de l'ensemble des évaluations du candidat réalisées aux cours de ses périodes de formation en milieu professionnel.

La sous-épreuve E32 - Projet de prospection U32 - Coefficient 3

A - Objectif

Cette sous-épreuve vise à évaluer l'aptitude du candidat à élaborer, à présenter et à soutenir un projet de prospection.

B - Contenu

Les compétences de l'unité U31 « Projet de prospection » sont les suivantes : élaborer un projet de prospection - C11 ; Rendre compte de l'opération de prospection - C15.

C - Critères d'évaluation

Respect et pertinence de la démarche de projet. Qualité et rigueur de la production écrite et du ou des supports multimédias présentés. Qualité de la communication orale. Utilisation judicieuse d'outils de communication. Aptitude à convaincre.

D - Formes de l'évaluation

Cette sous-épreuve repose sur le projet de prospection élaboré par le candidat au cours de sa formation en milieu professionnel ou de son activité salariée, et en centre de formation. Ce projet doit être personnel et revêtir un caractère authentique. Il sert de base à une présentation orale faisant appel aux techniques de l'information et de la communication.

1. Ponctuelle : évaluation orale d'une durée de 30 minutes maximum

a) La présentation matérielle du projet de prospection

Le projet de prospection est matérialisé par un document de présentation de 4 à 6 pages maximum, sur support papier et élaboré à l'aide de l'outil informatique. Il peut être accompagné de quelques annexes limitées en nombre.

b) Le déroulement de l'épreuve

Le document de présentation du projet rédigé par le candidat et remis préalablement constitue une base de travail pour la commission d'interrogation qui l'utilise pour préparer son interrogation et s'y réfère tout au long de l'épreuve.

Cette épreuve se déroule en deux phases successives :
– un **exposé par le candidat de son projet de prospection** – durée : 15 minutes maximum.
Le candidat est amené, sans être interrompu, à présenter son projet de prospection devant la commission d'interrogation. L'évaluation porte sur la pertinence des solutions apportées dans le projet et sur l'habileté à utiliser les techniques de la communication et de l'information en appui de la prestation orale ;
– un **entretien avec la commission d'interrogation** – durée : 15 minutes maximum.
La commission d'interrogation est composée de deux personnes : un professeur ou formateur de la spécialité et dans la mesure du possible un professionnel de la vente (à défaut un deuxième professeur ou formateur de la spécialité).

2. Le contrôle en cours de formation (CCF)

Le contrôle en cours de formation comporte **deux situations d'évaluation** réalisées en centre de formation et organisées par l'équipe enseignante au cours de l'année terminale, dès que le candidat est en mesure de présenter son projet :

- **Montage du projet de prospection** - 15 points

L'évaluation porte sur le respect et la pertinence d'une démarche de projet. Elle est réalisée par le professeur de la spécialité éventuellement accompagné par un autre membre de l'équipe pédagogique.

- **Soutenance du projet de prospection** - 45 points

Le candidat présente et soutient son projet de prospection pendant une durée de 30 minutes au maximum. Sa prestation repose sur le document écrit de présentation de son projet de prospection (identique à celui de la forme ponctuelle) et l'utilisation de supports multimédias.
Pour cette seconde situation d'évaluation, la présence d'un professionnel de l'entreprise ou de l'organisme partenaire de formation est souhaitable. Les professionnels des entreprises impliquées dans le projet de prospection du candidat seront prioritairement sollicités.

Conseils pour le montage du projet

Recherche d'idées de projets de prospection

Vous pouvez axer votre recherche d'idée de projet de prospection autour des points suivants :
- nouveaux clients ;
- nouveaux produits ;
- nouvelle zone géographique ;
- relance d'anciens clients ;
- nouvelle méthode de vente pour l'entreprise…

Démarche pour la conduite d'un projet de prospection

Analyser	**La situation** (marché, force de vente, positionnement de l'entreprise, contraintes et possibilités techniques…)
Définir	**Les objectifs** du projet de prospection
Vérifier	**La capacité** de l'entreprise à atteindre ces objectifs (financièrement, humainement, techniquement…)
Préparer	**L'opération** • Sélectionner la cible • Choisir une ou plusieurs techniques de prospection (mailing, phoning, prospection directe, manifestations commerciales) • Vérifier la réglementation juridique selon la technique retenue • Planifier les différentes phases, déterminer la durée et la périodicité de l'opération, budgéter l'opération • Créer les outils d'aide à la prospection (fiche prospect, plan d'appel, argumentaire, diaporama, mailing…)
Réaliser	**L'action** Lancer l'opération selon la ou les techniques choisie(s)
Mesurer	**En analysant les résultats** Calcul et analyse des ratios, chiffrage des coûts, évaluations des ventes, calcul de la rentabilité
Rétroagir	**Proposer des améliorations à apporter pour les prochaines opérations**
Transmettre	**Préparer l'oral de soutenance du projet**

Le document de synthèse « Projet de prospection » établi par le candidat est constitué de 4 à 6 pages maximum, il est présenté sur support papier et élaboré à l'aide de l'outil informatique.

Il doit comporter les mentions obligatoires sur la page de garde, un sommaire paginé, une introduction et conclusion (qui ne comptent pas dans les 4 à 6 pages).

Il peut être accompagné de quelques annexes si celles-ci sont susceptibles d'éclairer certains points du document proprement dit. Prévoir dans ce cas un sommaire des annexes.

Il doit être établi en deux ou trois exemplaires : un pour le jury lors de l'oral, un pour le rectorat et un pour vous. Pensez donc à avoir le nombre suffisant d'originaux.

Il présente de façon synthétique le projet de prospection élaboré par le candidat :
– les principales caractéristiques de l'entreprise (structure, activité, produits, marché, clients, concurrents, force de vente) ;
– la problématique et la situation professionnelle à l'origine du projet ;
– la stratégie de prospection proposée (choix justifié de la cible, des objectifs, des techniques de prospection…) ;
– la démarche suivie pour monter le projet (élaboration des supports, d'un plan de prospection, d'un plan de tournée, plan d'appel, diaporama, lettre de publipostage…), mise en œuvre de la prospection (démarches, difficultés, solutions), analyse des résultats, rétroaction.

Conseils pour la soutenance orale (d'après le site **www.ac-amiens.fr**)

La durée de l'épreuve orale en CCF est de 30 minutes maximum (15 minutes maximum pour la présentation, puis échange avec le jury).

La présentation du projet et de la démarche suivie est effectuée avec l'aide de supports multimédias (pensez éventuellement à récupérer des éléments de présentation dans votre entreprise).

Une argumentation de la stratégie de prospection proposée doit être assurée.

1. La préparation de la prestation

Vous devez vous entraîner régulièrement afin d'apprendre à gérer le temps imparti pour cette épreuve.

Vous devez vous assurer avant l'épreuve que la commission d'interrogation pourra mettre à votre disposition les matériels et logiciels nécessaires à la présentation du projet.

Quelques conseils à l'élève :
– faire un plan sur une fiche, en annonçant les principales parties qui constitueront la présentation ;
– ne pas oublier de se présenter ;
– utiliser des couleurs ;
– noter les mots-clés ;
– citer les sources.

2. La rédaction de l'introduction et de la conclusion

L'introduction doit être accrocheuse, annoncer le plan et susciter l'intérêt du jury.

La conclusion comporte une analyse des acquis personnels et professionnels et doit être ouverte sur l'avenir.

3. Les supports visuels

Vous devez :
- sélectionner les documents à présenter : plans, graphiques, diagrammes, photographies, catalogues, échantillons, document vidéo ; certains de ces documents peuvent aussi être insérés dans le diaporama. Pensez à insérer vos documents de travail (fiche prospect, trame d'argumentaire, fichier sous Ciel par exemple, tableurs pour l'analyse des résultats...) ;
- privilégier le diaporama comme support de sa soutenance orale. Des documents (cartes, transparents, vidéos...) pourront éventuellement compléter celui-ci si le candidat les juge utiles à sa prestation ;
- vous entraîner à utiliser les différents outils de présentation.

4. L'attitude face au jury

Le jour de la présentation, vous devez :
- adopter une tenue professionnelle adaptée aux codes sociaux ;
- articuler, être attentif au volume de votre voix, éviter le ton monocorde ;
- pratiquer une écoute active du jury et être capable de faire la différence entre une objection et une demande de complément d'information ;
- être clair, utiliser un vocabulaire professionnel ;
- faire preuve de rigueur (le plan annoncé doit être le plan suivi) ;
- maîtriser vos gestes et votre posture ;
- avoir suffisamment d'indépendance par rapport à vos notes ;
- utiliser judicieusement les outils de communication.

En présentant son projet l'élève doit être capable d'argumenter et de convaincre de la pertinence de ses choix.

De nombreux sites vous permettent de trouver des informations utiles :

www.ac-nancy-metz.fr/enseign/VenteLP
www.ac-amiens.fr/pedagogie/eco-gestion-lp/rubrique.php3?id_rubrique=11
www.ac-nice.fr/pacte/page_LP.htm
www.ac-nantes.fr:8080/peda/disc/ecogest_pro/index.htm
www.ac-nancy-metz.fr/crm/RENLPCOM/RENOVBpro.HTM

Unités constitutives du référentiel de certification

Baccalauréat professionnel vente
(prospection - négociation - suivi de clientèle)

Liste des unités constitutives du référentiel de certification

Unité U11 : épreuve E1 / sous-épreuve E11 : préparation et suivi de l'activité commerciale

Unité U12 : épreuve E1 / sous-épreuve E12 : économie et droit

Unité U13 : épreuve E1 / sous-épreuve E13 : mathématiques

Unité U2 : épreuve E2 : négociation - vonto

Unité U31 : épreuve E3 / sous-épreuve E31 : évaluation de la formation en milieu professionnel (pratique de la prospection, de la négociation, du suivi et de la fidélisation de la clientèle)

Unité U32 : épreuve E3 / sous-épreuve E32 : projet de prospection

Unité U4 : épreuve E4 : langue vivante

Unité U51 : épreuve E5 / sous-épreuve E51 : français

Unité U52 : épreuve E5 / sous-épreuve E52 : histoire géographie

Unité U6 : épreuve E6 : éducation artistique - arts appliqués

Unité U7 : épreuve E7 : éducation physique et sportive

Unité facultative UF1 : épreuve facultative : langue vivante

Unités professionnelles du diplôme Compétences professionnelles	**U11** Préparation et suivi de l'activité commerciale	**U12** Économie et Droit	**U2** Négociation - Vente	**U31** Pratique de la prospection, de la négociation, du suivi et de la fidélisation de la clientèle	**U32** Projet de prospection
C1. PROSPECTER					
1.1 - Élaborer un projet de prospection					
111. Exploiter les sources documentaires relatives au marché, à l'entreprise et à ses produits					
112. Exploiter les informations informatisées relatives à la clientèle					
113. Élaborer une stratégie de prospection					
114. Présenter le projet					
1.2 - Organiser une opération de prospection					
121. Élaborer un plan de prospection et un plan de tournée					
122. Construire et/ou mettre à jour un fichier prospect					
123. Sélectionner et/ou concevoir des outils d'aide à la prospection tels que fiches prospect, plan d'appel téléphonique, lettre de publipostage...					
1.3 - Réaliser une opération de prospection					
131. Établir le contact avec le prospect par différentes techniques relationnelles dans des situations de face à face, d'appels téléphoniques, de foires, d'expositions, de salons professionnels, de publipostages					
132. Traiter et exploiter les contacts résultant de l'utilisation des techniques de prospection					
133. Prendre rendez-vous avec le prospect					
1.4 - Analyser les résultats et rétroagir					
141. Déterminer les résultats de l'opération de prospection					
142. Calculer les ratios de prospection					
143. Mesurer les écarts avec les objectifs					
144. Rechercher les causes des écarts					
145. Apprécier les résultats de l'opération					
146. Déterminer les éventuelles corrections à apporter pour des opérations de prospection à venir					
1.5 - Rendre compte de l'opération de prospection à l'équipe de vente et/ou au responsable des ventes, et/ou aux personnels d'administration commerciale					
151. Produire une synthèse écrite					
152. Présenter oralement cette synthèse					

Unités professionnelles du diplôme **Compétences**	**U11** : Préparation et suivi de l'activité commerciale	**U12** : Économie et Droit	**U2** : Négociation - Vente	**U31** : Pratique de la prospection, de la négociation, du suivi et de la fidélisation de la clientèle	**U32** : Projet de prospection
C2. NÉGOCIER					
2.1 - Préparer la visite					
211. Recherche et sélectionner les informations relatives au client, à l'entreprise et aux transactions passées					
212. Fixer les objectifs de la visite					
213. Regrouper les éléments matériels nécessaires aux visites, préparer le matériel de démonstration (éventuellement)					
2.2 - Effectuer la découverte du client					
221. Établir le contact en utilisant des techniques relationnelles					
222. Collecter des informations sur la situation du client en utilisant des techniques de questionnement					
223. Pratiquer l'écoute active					
224. Dégager les motivations et les freins					
225. Valider la découverte					
2.3 - Présenter l'offre commerciale					
231. Présenter le(s) produit(s) et/ou le(s) service(s)					
232. Argumenter					
233. Présenter le prix					
234. Traiter les objections					
235. Négocier les prix et les conditions					
2.4 - Conclure la Négociation					
241. Repérer les signaux d'achat					
242. Conclure la visite					
243. Consolider la relation avec le client					
244. Prendre congé					
2.5 - Analyser les résultats de la visite, noter les éléments essentiels					

Unités professionnelles du diplôme Compétences	U11 : Préparation et suivi de l'activité commerciale	U12 : Économie et Droit	U2 : Négociation - Vente	U31 : Pratique de la prospection, de la négociation, du suivi et de la fidélisation de la clientèle	U32 : Projet de prospection
C3. SUIVRE ET FIDÉLISER LA CLIENTÈLE					
3.1 - Exécuter les tâches consécutives aux visites					
311. Constituer ou tenir à jour les documents de suivi des visites					
312. Assurer la remontée de l'information					
3.2 - Suivre l'exécution : des commandes, des livraisons, de la mise en service, du paiement					
321. Transmettre les bons de commande au service concerné					
322. Contrôler en liaison avec les services concernés de l'entreprise, le déroulement des livraisons, la mise en service des produits commandés et leur paiement					
3.3 - Assurer le suivi et la fidélisation du client					
331. **Effectuer les relances clients**					
332. **Effectuer des ventes de réapprovisionnement**					
333. Mener une action permanente du suivi de la satisfaction de sa clientèle					
334. Exploiter des opérations ponctuelles de fidélisation de la clientèle organisées par l'entreprise : enquêtes de satisfaction, supports de fidélisation, événements commerciaux (animations chez les clients, foires, salons …).					
3.4 - Analyser les résultats du suivi et de la fidélisation de sa clientèle					
341. Exploiter les informations issues de ses fichiers clients					
342. Proposer des modalités de suivi et de fidélisation de sa clientèle					
3.5 - Effectuer le suivi de son activité et de ses résultats					
351. Mettre à jour son tableau de bord d'activité et calculer ses résultats					
352. Exploiter les informations issues de son tableau de bord d'activité					
353. Déterminer les éventuelles corrections à apporter à son activité pour améliorer ses résultats					
3.6 - Rendre compte du suivi de son activité et de ses résultats lors : d'entretiens avec le chef des ventes, de réunions de l'équipe de vente					
361. Produire une synthèse écrite					
362. Présenter oralement cette synthèse					

Légende : Totalement évaluées Partiellement évaluées

UNITÉ U13

Épreuve E1 / Sous-épreuve E13 : Mathématiques

Les objectifs, capacités et compétences de l'unité de mathématiques sont définis par l'arrêté du 9 mai 1995 modifié relatif aux programmes de mathématiques applicables dans les classes préparant au baccalauréat professionnel (BOEN spécial n°11 du 15 juin 1995).

Ils sont constitués des éléments suivants :

- Activités numériques et graphiques (I)
- Fonctions numériques (II)
- Activités statistiques (III)
- Techniques mathématiques de gestion (IV)

UNITÉ U4

Épreuve E 4 : Langue vivante

L'unité englobe l'ensemble des objectifs, capacités et compétences énumérés dans l'arrêté du 23 mars 1988 relatif aux programmes de langues vivantes étrangères des classes préparant au baccalauréat professionnel (B.O. n° 18 du 12 mai 1988).

UNITÉ U51

Épreuve E 5 / sous-épreuve E51 : Français

L'unité est définie par les compétences établies par l'arrêté du 9 mai 1995 relatif aux objectifs, contenus et capacités de l'enseignement du français dans les classes préparant au baccalauréat professionnel (B.O. n°11 du 15 juin 1995).

UNITÉ U52

Épreuve E 5 / sous-épreuve E52 : Histoire géographie

L'unité est définie par les compétences établies par l'arrêté du 9 mai 1995 relatif aux objectifs et contenus de l'enseignement de l'histoire et de la géographie dans les classes préparant au baccalauréat professionnel (B.O. n°11 du 15 juin 1995).

UNITÉ U6

Épreuve E 6 : Éducation artistique - arts appliqués

L'unité englobe l'ensemble des capacités et des compétences présentées par le programme - référentiel défini par l'annexe III de l'arrêté du 17 août 1987 aux programmes des classes préparant au baccalauréat professionnel (B.O. n°32 du 17 septembre 1987).

UNITÉ U7

Épreuve E 7 : Éducation physique et sportive

L'unité englobe l'ensemble des objectifs, capacités et compétences énumérés dans l'arrêté du 22 novembre 1995 relatif aux modalités d'organisation du contrôle en cours de formation et de l'examen terminal pour l'éducation physique et sportive en lycée (B.O. n°46 du 14 décembre 1995)

UNITÉ FACULTATIVE UF1

Épreuve de langue vivante

L'épreuve a pour but de vérifier la capacité du candidat de comprendre une langue vivante parlée et la capacité de s'exprimer de manière intelligible pour un interlocuteur n'exigeant pas de particularités linguistiques excessives sur un sujet d'intérêt général.